SCEAUX SASANIDES

DE DIVERSES COLLECTIONS PRIVÉES

SCEAUX SASANIDES
DE DIVERSES COLLECTIONS PRIVÉES

par

PHILIPPE GIGNOUX et RIKA GYSELEN

LEUVEN
ÉDITIONS PEETERS
1982

ISBN 2-8017-0199-8

D/1982/0602/21

Le dessin de la couverture et de la page de titre est dû à Mme O. Daune.

TABLE DES MATIÈRES

BIBLIOGRAPHIE

Cette bibliographie est réduite aux ouvrages et articles les plus récents consacrés à la glyptique sasanide, et les cite d'une manière que nous pensons être complète. On n'y trouvera donc pas les titres anciens qui sont amplement fournis par les ouvrages de A.D.H. Bivar, Chr.J. Brunner, Ph. Gignoux et R. Göbl.

A.D.H. Bivar, *Kushan and Kushano-Sasanian Seals and Kushano-Sasanian Coins: Sasanian Seals in the British Museum*, London, 1968 [Corpus Inscriptionum Iranicarum, Part III Pahlavi Inscriptions, vol. VI, Seals and Coins].

—, *Catalogue of the Western Asiatic Seals in the British Museum*. Stamp Seals, II: The Sassanian Dynasty, London, 1969.

A.Ya. Borisov et V.G. Lukonin, *Sasanidskie Gemmy*, Leningrad, 1963.

Chr.J. Brunner, dans Madeline Noveck, *The Mark of Ancient Man. Ancient Near Eastern Stamp Seals and Cylinder Seals; the Gorelick Collection*, Brooklyn, N.Y., 1975, pp. 74-89.

—, *Sasanian Stamp Seals in the Metropolitan Museum of Art*. New York, 1978.

G. Belli, «Un 'iscrizione Partica inedita», dans *Rivista degli studi Orientali*, 50 (1976), pp. 91-96 (Cf.E. Provasi).

R. Curiel et H. Seyrig, «Une intaille iranienne», dans *Near Eastern Numismatics, Iconography, Epigraphy and History*, Studies in honor of George C. Miles, Beirut, 1974, pp. 55-59.

R. Curiel et Ph. Gignoux, «Sur une intaille sasanide du Cabinet des Médailles, dans *Studia Iranica* 4 (1975), pp. 41-49.

P. Ferioli et E. Fianara, «Clay Sealings in Protohistorical Iran», dans *Iranica*, a cura di G. Gnoli e A.V. Rossi, Napoli, 1979, pp. 307-312.

R.N. Frye, «Die Legenden auf sassanidischen Siegelabdrücken, dans *Wiener Zeitschrift für die Kunde des Morgenlandes*, 56, 1960 [*Festschrift Herbert W. Duda*] pp. 32-35.

—, «Symbols, Monograms and Devices in Ancient Iran. Lecture held at the K.R. Cama Oriental Institute, Bombay, 1964 [*Dr. Unvala Memorial Volume*], pp. 181-184.

—, «Sasanian clay sealings in the collection of Mohsen Foroughi», dans *Iranica Antiqua*, 8 (1968), pp. 118-132.

—, «Sasanian seal inscriptions», dans *Beiträge zur alten Geschichte und deren Nachleben* [Festschrift fur Franz Altheim], herausg. von R. Stiehl und H.E. Stier, 2. Bd., Berlin, 1970, pp. 77-84 et pp. 433-436.

—, «Sasanian clay sealings in the Baghdad Museum», dans *Sumer*, t. 26 (1970), pp. 237-240.

—, «Inscribed Sasanian Seals from the Nayeri Collection», dans *Forschungen zur Kunst Asiens in Memoriam Kurt Erdmann*, Istanbul, 1970, pp. 18-24.

—, *Sasanian Seals in the Collection of Mohsen Foroughi*, London, 1971 [Corpus Inscriptionum Iranicarum, Part III, Pahlavi Inscriptions, vol. VI, Seals and Coins].

—, *Sasanian remains from Qasr-i Abu Nasr*, Cambridge, 1973.

—, «Sasanian Seals and Sealings», dans *Mémorial Jean de Menasce*, éd. Ph. Gignoux et A. Tafazzoli, Louvain, 1974, pp. 155-161.

—, «The use of clay sealings in Sasanian Iran», dans *Varia 1976*, *Acta Iranica* 12 (1977), pp. 117-124, pl. VIII-XI.

Ph. Gignoux, «Les collections de sceaux et de bulles sasanides de la Bibliothèque Nationale de Paris», dans *Atti del Convegno Internazionale sul tema: La Persia nel Medioevo*, Roma, 1971, pp. 535-542.
—, *Glossaire des inscriptions pehlevies et parthes*, London, 1972.
—, «Problèmes d'interprétation des bulles sasanides, dans *Studia Iranica*, 2 (1973), pp. 137-142.
—, «Les bulles sassanides de Qasr-i Abu Nasr», dans *Mémorial Jean de Menasce*, Louvain, 1974, pp. 169-187.
—, «Nouveaux toponymes sassanides», dans *Journal Asiatique*, t. 262 (1974), pp. 299-304.
—, «Sur les sceaux sassanides de la Société numismatique américaine», dans *Studia Iranica*, 4 (1975). pp. 171-175.
—, «Intailles sassanides de la Collection Pirouzan», dans *Acta Iranica 6, Monumentum H.S. Nyberg III*, Leiden, 1975, pp. 13-32.
—, «Les formules des sceaux sassanides et la signification de rāst et rāstīh», dans *Miscellanea in honorem Ibrāhīm Pūr-Dāvūd*, Farhang-e Irān Zamin XXI, Téhéran, 1976, pp. 41-56.
—, «Cachets sasanides du British Museum», dans *Varia 1976, Acta Iranica 12*, (1977), pp. 125-148.
—, *Catalogue des sceaux, camées et bulles sasanides de la Bibliothèque Nationale et du Musée du Louvre*, II. *Les sceaux et bulles inscrits*, Paris, 1978.
—, «Problèmes de distinction et de priorité des sources», dans *Prolegomena to the Sources on the History of Pre-Islamic Central Asia*, éd. J. Harmatta, Budapest, Akademiai Kiado, 1979, pp. 137-141.
—, «Une bulle sasanide du Musée d'État de Tbilissi (Géorgie)», dans *Studia Iranica* 8 (1979), pp. 185-188.
—, «Sceaux chrétiens d'époque sasanide», dans *Iranica Antiqua* 15 (1980), pp. 299-314.
Ph. Gignoux et R. Gyselen, «Cachets sasanides de la collection Azizbeglu», dans *Studia Iranica* 6 (1977), pp. 163-168, pl. I-II.
—, «Nouveaux cachets de la collection Pirouzan», dans *Studia Iranica* 7 (1978), pp. 23-46, pl. I-VII.
—, «Sceaux sasanides de la collection M.I. Mochiri», dans *Travaux de l'Institut d'Études Iraniennes*, t. 9 (1979), pp. 101-141.
—, «Nouveaux sceaux de la collection M.I. Mochiri», dans *Studia Iranica* 10 (1981), pp. 199-211.
Ph. Gignoux et Kl. Müller, «Quelques sceaux sasanides de Bonn», dans *Studia Iranica* 6 (1977), pp. 59-63.
R. Göbl, *Der Sāsānidische Siegelkanon*, Braunschweig, 1973.
—, *Die Tonbullen vom Tacht-e Suleiman*, Berlin, 1976.
—, «Christliche Siegel der Sasanidischen Zeit: ein erster Nachtrag», dans *Wiener Zeitschrift für die Kunde des Morgenlandes* 71 (1979), pp. 53-62.
G. Gropp, «Some Sasanian clay bullae and seal stones», dans *American Numismatic Society, Museum Notes* 19 (1974), pp. 119-144.
R. Gyselen, «Une classification des cachets sasanides selon la forme», dans *Studia Iranica* 5 (1976), pp. 139-146 et pp. 311-312.
—, «Les formes sont-elles un critère de datation pour les cachets sasanides?», dans *Akten des VII. Internationalen Kongresses für Iranische Kunst und Archäologie. München, 7.-10. September 1976. Archaeologische Mitteilungen aus Iran. Ergänzungsband* 6, 1979, pp. 352-363.
—, «Ateliers monétaires et cachets officiels sasanides», dans *Studia Iranica* 8 (1979), pp. 189-212.

R. Gyselen, *Trésors monétaires d'époque sasanide tardive, Problèmes d'identification des ateliers monétaires.* Paris 1979 (thèse dactylographiée, Université de Paris III).

J. Harmatta, «Die Sassanidischen Siegelinschriften als Geschichtliche Quellen», dans *Acta Antiqua Academiae Scientiarum Hungaricae*, 12 (1964), pp. 217-230.

K. Kamioka, «Iranian Field Notes 1. On Sasanian Seals, dans *Journal of Asian and African Studies* 12 (1976), pp. 191-214.

—, «Iranian Field Notes 2. More on Sasanian Seals», dans *Journal of Asian and African Studies* 13 (1977), pp. 169-175.

J. Lerner, «A Note on Sasanian Harpies», dans *Iran* 13 (1975), pp. 166-171.

—, *Christian Seals of the Sasanian Period.* Leiden, 1977.

J. de Menasce, «Déchiffrement de motifs alphabétiques de l'époque sassanide», dans *Bulletin de l'Institut français d'Archéologie orientale* 59, (1960), pp. 309-314.

Elio A. Provasi, «Seals with Pahlavi Inscriptions from the Nayeri Collection», dans *East and West*, 25 (1975), pp. 427-433.

—, «Su una bulla iranica inscritta di recente publicazione, dans *Annali dell'Istituto Orientale di Napoli*, 39 (1979), pp. 476-479.

V. Scherf, P. Gercke et P. Zazoff, *Antike Gemmen in Deutschen Sammlungen III. Braunschweig, Göttingen, Kassel.* Wiesbaden, 1970.

M. Schlüter, G. Platz-Horster et P. Zazoff, *Antike Gemmen in Deutschen Sammlungen IV. Hannover, Kestner-Museum; Hamburg, Museum für Kunst und Gewerbe.* Wiesbaden, 1975.

Sh. Shaked, «Jewish and Christian Seals of the Sasanian Period», dans *Studies in memory of G. Wiet*, ed. M. Rosen-Ayalon, Jerusalem 1977, pp. 17-31.

M.-L. Vollenweider, *Catalogue raisonné des Sceaux, Cylindres et Intailles*, vol. I, Genève, 1967.

INTRODUCTION

Lors de diverses missions que nous avons effectuées au Moyen-Orient et en Europe, nous avons recueilli plusieurs centaines d'empreintes de sceaux sasanides appartenant à de nombreuses collections privées et que leurs propriétaires ont bien voulu nous autoriser à publier[1]. Nous y avons inclus les sceaux de la collection de Mohsen Foroughi que R.N. Frye avait décrits succinctement, sans en déchiffrer les inscriptions, dans le *Corpus Inscriptionum Iranicarum*[2]. Ce volume, dont l'excellence des reproductions a déjà permis à plusieurs chercheurs d'exploiter, très partiellement certes, ce riche matériel, ne contient qu'une description succincte des objets, sans aucun déchiffrement des inscriptions.

Les 576 sceaux que nous décrivons ici nous ont paru mériter d'être connus pour un certain nombre de raisons qui seront analysées en détail plus bas et que nous énumérons brièvement ici :

— plusieurs de ces sceaux présentent un grand intérêt iconographique, surtout pour les thèmes ou types nouveaux qu'ils nous font connaître;
— on y trouve aussi plusieurs cachets administratifs, et l'on sait combien ceux-ci sont rares;
— les inscriptions qui figurent sur un grand nombre de ces sceaux fournissent des données nouvelles sur la titulature, les noms propres, les toponymes, les formules;
— d'autres sceaux ont été inclus parce qu'ils complètent certaines séries jusqu'ici faiblement représentées, ou simplement parce qu'ils enrichissent le *Répertoire analytique de la glyptique sasanide* qui est en cours de constitution;
— il y a aussi d'autres sceaux que nous n'avons pas vus et qui ne nous sont connus que par des empreintes ou des photos; bien que leur description matérielle n'ait pu être faite nous les avons inclus pour l'intérêt scientifique qu'ils présentent;
— enfin nous n'avons pas hésité à publier quelques objets faux lorsqu'ils permettent d'en tirer un enseignement stylistique ou épigraphique.

Ph G et R G

[1] R.G. remercie la Direction des Relations Culturelles Internationales (Ministerie van Nationale Opvoeding en Nederlandse Cultuur. België), la Fondation Universitaire (Universitaire Stichting) de Belgique et le Centre National de la Recherche Scientifique (Paris) des subventions et bourses qu'ils lui ont attribuées pour effectuer des missions en Angleterre (juillet-septembre 1970), Pays-Bas (février 1973), Italie (juillet 1973), Allemagne (septembre 1973), Iran (octobre-novembre 1976, mai 1977), Autriche (avril 1979).

[2] Sasanian Seals in the Collection of Mohsen Foroughi, ed. by R.N. Frye: *CII*, part III Pahlavi Inscriptions, vol. VI Seals and Coins, Plates, portfolio II: pl. XXXI-LVI, London 1971. Nous avons encore pu voir ces sceaux en 1970. La plupart d'entre eux ne se trouvaient plus dans sa collection en 1972, et ont dû être échangés contre d'autres objets qui le séduisaient davantage. R.N. Frye n'a pas l'intention de publier le Text Volume.

Organisation du Catalogue

Le Catalogue a été organisé d'après le thème iconographique du cachet. Ce thème est déterminé par deux termes: le «sujet» et «l'objet»[3]. Le *sujet* iconographique est «l'être animé» ou «inanimé» qui est le sujet de la scène, de l'action, tandis que l'*objet* est l'être qui subit cette action.

Le type du thème est indiqué par un nombre à deux chiffres: celui de gauche indique le *sujet* iconographique ou son absence (notée dans ce cas par zéro), tandis que celui de droite représente l'*objet* ou son absence (zéro).

Nous avons relevé dans cette collection les thèmes suivants:

«sujet»	«thème»	«objet»
0 non-iconographique	00	0 sans objet
1 figure humaine	10	0 sans objet
	11	1 figure humaine
	13	3 animal
	14	4 être fantastique
	15	5 élément naturel
	16	6 élément architectural
2 buste humain	20	0 sans objet
	22	2 buste humain
	23	3 animal
3 animal	30	0 sans objet
	31	1 figure humaine
	33	3 animal
4 être fantastique	40	0 sans objet
	43	3 animal

[3] Pour la signification des termes notés entre guillemets voir Fr. Digard, *Répertoire analytique des cylindres orientaux*, vol. 3, p. 11 sq. Ed. C.N.R.S., Paris, 1975.

5	élément naturel	50	0 sans objet
6	élément architectural ou problématique, ou outil	60	0 sans objet
7	monogramme	70	0 sans objet

Cette classification par thème a été élaborée dès 1970-1972 en vue de préparer un *Répertoire analytique* de la glyptique sasanide. Cet arrangement permet de retrouver facilement le thème iconographique et également chacun des éléments principaux du thème: ainsi, si l'on veut regrouper toutes les représentations d'animaux, on consulte tous les nombres où le chiffre 3 est présent: 13, 23, 30, 31, 33, 43.

On pourrait objecter que ce genre de classification n'est pas très fin et qu'il ne reflète pas les différences stylistiques telles qu'on peut les trouver dans la numérotation de certains catalogues[4]. Notre choix de présentation est toutefois dicté ici par deux raisons:

1) le souci de ne pas proposer un système de numérotation trop complexe;

2) l'impossibilité de construire notre Catalogue à l'image du *Répertoire*: ce dernier, qui contient quelque 4000 sceaux sasanides, est d'une grande spécificité; il a été réalisé de la manière suivante: a) un inventaire de tous les sceaux étudiés dans l'ordre aléatoire de leur étude, b) des indices qui regroupent toutes les caractéristiques retenues pour ces sceaux.

Cette présentation du *Répertoire* n'était évidemment pas appropriée pour un catalogue. Nous avons donc choisi certaines caractéristiques dans les indices du *Répertoire* pour former le cadre du présent Catalogue; le choix s'est porté sur le thème iconographique parce que cet arrangement nous a semblé commode pour le lecteur. A l'intérieur de chaque thème iconographique nous avons rangé les sceaux d'après des critères eux-mêmes iconographiques: par exemple sous le thème 30 nous avons traité les animaux par type.

Un même cachet qui porte deux thèmes iconographiques différents est enregistré deux fois avec un renvoi réciproque.

Finalement, nous avons intégré dans le Catalogue, à côté des données iconographiques, celles concernant l'épigraphie et la glyptique parce qu'il ne nous semblait pas très commode de découper ces données et de les ventiler dans des chapitres différents comme on l'a fait dans certains catalogues[5].

[4] Par exemple, A.D.H. Bivar, *Catalogue of the Western Asiatic Seals in the British Museum*. Stamp Seals. II: The Sassanian Dynasty. London, 1969.

[5] Ainsi celui de Chr.J. Brunner, *Sasanian Stamp Seals in the Metropolitan Museum of Art*. New York, 1978.

Notre Catalogue est donc présenté sous une forme toute traditionnelle. Pour chaque sceau nous avons donné la description dans l'ordre suivant:
— iconographie,
— inscription,
— matériau, forme et dimensions (hauteur, longueur, largeur).

Pour les sceaux déjà publiés dans le *Corpus Inscriptionum Iranicarum* nous avons simplement noté «CII et le numéro de la reproduction».

Nous avons ajouté quelques indices en fin du volume, lesquels sont destinés à faciliter les recherches. La forme que nous donnons à certains de ces indices a été dictée par un souci de clarté et de commodité de consultation.

Les planches[6] ont été réalisées d'après des photographies de diverses origines. La plupart de ces agrandissements ne portent aucune mention d'échelle. Il aurait certes été possible de mettre tous ces agrandissements à la même échelle à l'aide des données dont nous disposions. Mais nous avons estimé ce travail trop long et coûteux par rapport au résultat. Le lecteur voudra bien excuser le manque d'uniformité des échelles de ces reproductions.

R.G.

Les motifs iconographiques

L'ensemble dont nous traitons est très riche et diversifié en ce qui concerne le répertoire iconographique.

Nous y trouvons des thèmes iconographiques nouveaux[7]; nous en citerons quelques-uns, qui concernent les figures humaines:
— figure humaine «trônante» sur un chariot: **10.19**;
— quatre cavaliers disposés en deux registres se faisant face deux à deux: **10.42**;
— deux figures humaines en position d'accouplement: **11.5**;
— présentation(?) d'un enfant par une femme à un homme: **11.8**;
— deux cavaliers se faisant face et écrasant un homme allongé par terre: **11.11**;
— femme nourrissant(?) un coq: **13.1**;
— moschophore: **13.2**;
— femme luttant (?) contre un lion: **13.5**;
— homme luttant contre un ours: **13.9** et **13.10**;

[6] Les photographies, ainsi que les dessins des Appendices II et IV ont pu être réalisés grâce aux crédits obtenus de l'ERA 355 du Centre National de la Recherche Scientifique. Nous remercions tout particulièrement Monsieur G. LAZARD, directeur de l'ERA, qui ne nous a pas ménagé son soutien. Les dessins de l'appendice II ont été exécutés par Madame Odile DAUNE, ceux de l'appendice IV par Monsieur Pier STEENSMA.

[7] Nous désignons par «thèmes iconographiques nouveaux» ceux qui ne figurent pas dans R. Göbl, *Sāsānidische Siegelkanon*.

— homme attaquant un homme ailé: **14.4**;
— femme devant un autel du feu: **16.1**.

On y trouve également de nombreux types iconographiques nouveaux; on peut par exemple noter des positions très particulières de certains animaux: ainsi le cheval au galop: **30.26**, ou le bœuf se grattant (?) de la patte: **30.44**.

En outre, beaucoup de types iconographiques, richement illustrés par de très nombreux exemples, apportent des données complémentaires au corpus de la glyptique sasanide: on peut citer à titre d'exemple la série des cachets à bustes humains de face — de **20.71** à **20.78** — qui par sa variété est vraiment représentative de ce type. Nous pouvons aussi mentionner les sceaux qui portent une représentation humaine que R. Göbl a classés dans son *Sāsānidische Siegelkanon* comme «adoptierte Fremdsiegel und Verwandtes»; nous en trouvons ici plusieurs d'un intérêt particulier: **10.9**, **10.10**, **10.11**, **10.20**, **10.21**, **10.22**.

Il y a enfin une large gamme de nouveaux types stylistiques; ils apparaissent de la manière la plus évidente dans des thèmes iconographiques rares: ainsi l'autel du feu surmonté d'un buste, connu seulement par un cachet à la Bibliothèque Nationale[8]: **20.79**; ou le thème du cavalier en relation avec un autre humain[9] qui est représenté ici par deux cachets de styles très différents: **11.9** et **11.10**.

La richesse de cet ensemble permet de mieux distinguer des «écoles» de glyptique sasanide[10]; l'une de celles que l'on discerne le mieux ici exécute les inscriptions en double trait, de préférence sur des cabochons concaves en grenat almandin ou cornaline, et a un répertoire d'inscriptions assez particulier: formules de souhaits («croissance!», «fortune!») dont certains sont extrêmement rares dans la glyptique sasanide («victoire!»). Elle est représentée par les sceaux **00.29**, **00.30**, **00.32**, **00.34**, **30.80**.

R.G.

Les inscriptions

Elles représentent un échantillonnage complet des différents types, tels que j'ai tenté de les définir à Erlangen[11].

Nombreux sont les cachets administratifs officiels, dont on sait qu'il existe très peu d'exemplaires originaux, mais qui sont bien attestés sur les empreintes des bulles.

[8] Ph. Gignoux, *Catalogue...*: 3.4.

[9] R. Göbl, *Sāsānidische Siegelkanon*: 6b.

[10] Nous ne faisons ici qu'esquisser ce problème. Nous en traiterons ailleurs d'une manière détaillée.

[11] Dans une communication au XXI. *Deutschen Orientalistentag*, oct. 1977, intitulée «Typologie des inscriptions sur sceaux et bulles sasanides», j'ai éliminé, à tort, comme je le pense maintenant, la possibilité d'inscriptions comprenant un titre + une formule; j'en ai maintenant découvert une attestation sur le sceau 2.36 (**40.38**) qui est celui d'un mage Ādur-bād, qualifié par les épithètes «fidèle et droit» (mtlk W l'sty). Mes références aux cachets inscrits du présent catalogue correspondent à la numérotation épigraphique expliquée au début de la p. 21.

Parmi ceux-ci, il faut citer l'*āmārgar*, ou contrôleur financier, d'Hamadān, déjà bien connu par plusieurs bulles [12]; un *ōstāndār* du Gīlān, titre attesté pour la première fois en épigraphie sasanide, et dont le titulaire du poste avait sa charge dans une ville probablement fondée ou rebaptisée par Xusrô II, puisqu'elle porte son nom, mais inconnue jusqu'ici à ma connaissance [13]; plusieurs sceaux de *mogvēh*, de régions variées, Fārs (Ardaxšīr-Xvarrah), Adiabène, Sud du Gēlān (Rōyān-Zalēxān), Mésopotamie (Veh-Kavād), Khorāssān (Abaršahr).

Parmi les cachets officiels sur lesquels le nom de lieu où s'exerce la fonction n'est pas indiqué, on relèvera aussi de nombreuses titulatures: une grande abondance de mages (*mgw*), 38 en tout [14], un eunuque (*š'bstn*, 2.2) appelé Vahman, deux scribes [15], peut-être un *mogbed* [16], un «mage des mages», *mog mogān*, fonction non attestée jusqu'ici sur des sceaux et que je tiens pour assez tardive [17], un noble (*āzād*) peut-être, car la lecture n'est pas très assurée, un chef de la garde (?) ou *pă̄hrbed* [18], deux «seigneurs» (*xvadāy*) [19], et enfin deux prêtres chrétiens portant le nom de Jésus sur deux cachets dont l'inscription est en syriaque et en pehlevi, respectivement.

En relation avec ces titres, apparaissent, comme il se doit, de nombreux toponymes, dont certains nous étaient jusqu'alors inconnus. C'est le cas de Xvāst-Abarvēz-Xusrō [20], ville située dans le Gīlān, et de plusieurs localités, sans doute moins importantes, où siégeait un *mgwḥ*, et dont l'identification demeure souvent difficile.

Cet ensemble est particulièrement riche en noms propres. En consultant le Glossaire, on s'apercevra que toutes les formations sont bien représentées [21]. Je me contenterai de signaler seulement ici deux catégories de noms qui me semblent très intéressants:

— On sait que les titres peuvent devenir de simples noms propres. Ce processus est

[12] Bulle M. Foroughi 23a, bulles M.I. Moshiri 7a et 20a inédites.

[13] Il s'agit du toponyme que je restaure en toute certitude comme Xvāst-Abarvēz-Xusrō, «Le triomphant Xusrō l'a désiré». Je n'ai trouvé nulle part ailleurs ce nom. Si comme ce dernier semble l'indiquer, le cachet ne remonte pas au-delà de l'époque de Xusrō II, on sait par là en tout cas que la fonction d'*ōstāndār*, bien connue à l'époque islamique, existait déjà au moins à la fin de la période sasanide.

[14] Le Catalogue de Paris (cf. note 1) en compte aussi 34 ou 35.

[15] Ce titre semble avoir été gravé en abrégé sur le sceau 2.6: *SP* pour **SPR'*. Sur un autre sceau (2.38), il est écrit *dpyy*, sans doute pour **dpyr* ou **dpywr*.

[16] Lecture douteuse du sceau 2.7, car seule la fin du titre est claire: *-pty*.

[17] Sur un cachet inédit et récemment acquis par le Dr M.I. Moshiri, j'ai pu lire ce même titre avec certitude. Cette fonction, citée par A. Christensen, *L'Iran sous les Sassanides*, p. 118, est illustrée par l'auteur à partir de sceaux mal lus par Herzfeld dans son *Paikuli*, p. 82.

[18] Le premier membre de ce composé me semble identique, à la seule différence près d'un allongement possible de la voyelle, au mot *pḥl-* qui apparaît dans deux noms propres *Pă̄hr-dād* (3.58) *pă̄θra-pāta et *pă̄θra-dāta-.

[19] Cf. le sceau 2.35, et l'intéressant 6.18, longue formule où je relève à coup sûr ce même titre, et qu'on pourrait classer aussi comme 2.36, cf. note 11 ci-dessus.

[20] Cf. ci-dessus note 13.

[21] Voir sur ces différentes formations, mon étude des noms propres en moyen-perse épigraphique, dans *Pad nām ī yazdān, Travaux de l'Institut d'Études Iraniennes* 9, Paris 1979, pp. 35-100.

bien attesté ici. Ainsi trouvons-nous le sceau de personnages se prénommant *Vāspuhr* (3.53) ou *Šahrab* (= satrape, 2.20)[22], ou encore *Bōxt-ruvān-Vahrām* (4.16): on se souvient que ce nom prestigieux est l'un des titres que porta le grand mage Kirdīr et que lui attribua le roi Vahrām II. D'autres noms propres appartiennent à la classe des «noms honorifiques», tels que *Abzūd-Šābuhr* (3.26), *Hucihr-Vahrām* (2.8)[23], *Pērōz-Narseh* (3.27), *Pērōz-Šābuhr* (3.71), *Yazdān-āfrīd-Šābuhr* (3.97), qui ont probablement une origine ancienne, s'ils réfèrent aux grands rois du 3ᵉ siècle dont ils évoquent le nom même.

— Par ailleurs, quelques noms, pourvus d'un suffixe non iranien, pourraient constituer une classe de noms dont la dérivation serait grecque mais le mot-racine iranien. Sur un cachet de la Bibl. Nat. de Paris, 4.44[24], apparaît le nom écrit *b'pwsy*, que j'ai interprété à tort comme Bāb-pus, ce qui certes est tout à fait possible, mais qu'il me semble préférable d'interpréter comme *Bābōs*, à cause du rapprochement que l'on doit faire avec un nom identique, que je lis sur un sceau de ce Catalogue, 3.124: *p'pwsy*, qui est à comprendre comme *Pābōs*. Contrairement à ce que j'ai écrit ailleurs[25], et conformément à l'opinion de Justi[26], je considère que les noms dérivés de *Bāb-* et de *Pāb-*, et qui sont si nombreux, sont des doublets d'un même mot, de formation onomatopéïque, et qui désigne le père. En syriaque, le mot est bien connu, à la fois comme titre, écrit *pp'* ou *p'p'*, mais aussi *ppws* et *p'p's*[27], porté plus spécialement par les *catholicos* d'Alexandrie, mais aussi comme nom propre, porté par exemple par le célèbre Mār Pāpā. Le mot a évidemment ses correspondants modernes dans l'angl. *pope* ou le français *pape*. Mais il est plus intéressant de noter que ce nom en *-os* existe en manichéen puisqu'il fut porté par un disciple de Mani appelé Papos[28]. Il faut noter enfin deux dérivés du même nom, dont la simple opposition par l'initiale est pertinente: ce sont *p'pydy* (*Pābiy*, 3.3) et *b'pydy* (*Bābiy*, 4.3).

Un autre nom du même type est attesté sur le sceau 4.11, sous la forme *tylwsy*, qui ne peut guère s'expliquer que comme un dérivé de Tīr: Tīrōs. Ceci est confirmé par des noms arméniens, manifestement empruntés de l'iranien, tels que *Babots* et *Tirots*[29]. Ces noms, que j'ai malheureusement ignorés dans mon essai de classement

[22] Il n'y a aucune ambiguité possible, puisque c'est un *mgw* qui est ainsi nommé.

[23] On rapprochera ce nom du toponyme de formation identique Huniyāg-Pērōz, cf. mon *Catalogue de la Bibl. Nat.* b.6.2a, et mon art. «Nouveaux toponymes sassanides», dans *JA* 1970 pp. 299-304. Comme le qualificatif se rapporte essentiellement à la musique, on peut penser qu'il s'agit plutôt ici de Vahrām Gōr (IV) que des premiers Vahrām du 3ème s.

[24] Cf. mon *Catalogue* p. 38.

[25] *Travaux de l'Institut d'Études Iraniennes* 9, p. 44 et 53.

[26] *IN* 241-242.

[27] Cf. Payne Smith, *Thesaurus linguae syriacae*, II, 3204.

[28] C. Schmidt et H.J. Polotsky, *Ein Mani-Fund in Ägypten*, SPAW 1933, p. 11 sq (cité dans Christensen, *L'Iran sous les Sassanides*, p. 195).

[29] Justi, *IN* 55b et 328a.

typologique des noms en moyen-perse, cité ci-dessus, constituent donc bien une classe à part.

Les formules attestées ici ne sont pas moins riches et intéressantes que les titres ou les noms propres. On les trouvera non seulement dans la Série 5[30], qui leur est proprement consacrée, mais aussi dans la série 1 ou 6. Il y a, bien entendu, toute la gamme des formules-standard connues partout ailleurs, du type *'pst'n 'L yzd'n*[31], *'pzwn, plḥwyḥ, pylwcyḥ, YWM ŠPYR, l'sty, l'styḥy pḥlwmy, pn'ḥ(y), ŠRM, YWM TB*, mais aussi quelques-unes plus originales, comme *'pz'l*[32] et *ḥwmtly*, qui apparaît à coté de *ḥwmtlyḥy*, et ne doit pas être pris pour un nom propre comme on l'a fait parfois[33].

Je voudrais commenter quelques textes que nous offre cet ensemble et qui souvent s'apparentent à l'*andarz*:

1.25: C'est un conseil qui s'adresse, me semble-t-il, à un prince, lui recommandant, comme comportement politique et religieux, de vaincre les ennemis et d'avoir une conduite droite envers les dieux. Le mot important est ici *šahrdār*, car l'on sait que cette fonction était confiée à des princes de sang royal[34]. Par là est confirmé le caractère sapientiel de l'inscription.

1.26: L'inscription suivante est un texte chrétien des plus intéressants. C'est une sorte d'appel à la miséricorde divine, évoquant par son commencement le *Pater Noster*, en pehlevi, et dont quelques termes peuvent trahir un original syriaque qui en serait le substrat. Le début du *pater* commence en effet en syriaque par une expression très semblable: *'bn d-b-šmy'*, que l'on retrouve exactement traduit ici par *ī pad āsmān*. Mais surtout le mot «armure» qui sert à qualifier le Christ, est employé couramment en syriaque[35].

1.27 est également à signaler, car dans cette formule de commémoration, ce n'est pas la *ruvān*[36] qui est mentionnée, mais ce qui est plus étonnant, la *gyān* (écrit idéographiquement ḤY').

4.12 pose un problème d'interprétation difficile: *'pst'n 'L* est normalement suivi d'un appellatif divin. Mais ici, *bwlc mtly* ne peut représenter le feu Burzēn Mihr, qui serait écrit **bwlcynmtly*. Il faut donc plutôt penser au dieu Mithra qualifié de *burz*.

[30] Sur le conseil de ma collaboratrice, j'ai supprimé la série consacrée exclusivement aux monogrammes dans mon Catalogue de la BN (série 2), puisque la distinction ne semble pas pertinente dans un classement qui se réfère seulement à l'épigraphie.

[31] Avec des variantes, comme dans 4.24 et 5.64.

[32] «Puissance ou pouvoir». Mais il s'agit peut-être seulement d'un nom propre, qu'on pourrait lire 'pd'l = *Āb-dār*?

[33] Bivar, *Catalogue ... BM* p. 73 (DG 2), et tout récemment Ch.J. Brunner, *Sasanian stamp seals in the Metropolitan Museum of Art*, 1978, p. 141, n. 7: l'inscription, bien lue, doit se traduire «Sois fidèle et généreux!».

[34] Cf. Christensen, *L'Iran sous les sassanides*, p. 101-103.

[35] Notamment dans la liturgie nestorienne.

[36] Sur ces formules, cf. mon art. dans *Miscellanea in honorem I. Pūrdāvūd*, Tehran 1976, pp. 41-56, et plus récemment, *Annuaire de l'Ecole Pratique des Hautes Études*, Ve Section, t. 87 (1978-1979), pp. 199-205.

5.3 est aussi une formule originale, dans laquelle on met sa confiance, non plus en une divinité non nommée, mais en *Aryaman*.

5.24 est sans doute une formule intéressante, avec *humihrīh*, mais il semble y avoir un idéogramme qui demeure incompréhensible et de ce fait interdit une interprétation satisfaisante.

5.49 affirme que se réfugier dans les dieux est une bonne action (*kirbag*).

6.18 est la formule la plus longue que je connaisse, mais à vrai dire, elle comprend des noms propres et titres, qui, certes, ne lui confèrent aucun caractère d'un sceau officiel, parce que c'est clairement le conseil moral d'un seigneur (*xvadāy*) qui est rapporté par un homme nommé *Farriy* qui le tenait de lui. Quoique quelques mots de cette inscription de trois lignes résistent encore à toute lecture satisfaisante, en deux endroits lacunaires, il semble que l'homme en question soit qualifié de *mihrbān* et de *tarsāgāh*. Ce dernier adjectif est attesté ailleurs, sous forme d'abstrait, sur un sceau du BM[37], que je peux maintenant comprendre de manière satisfaisante:

lwb'n tlsk'dḥ ḤZYTN ḥndyššnḥ(y)c

«Regarde la crainte de l'âme et (sa) pensée!»

La seule difficulté réside dans les dernières lettres, que Bivar a lues correctement comme *-zc-*[38], mais qui représentent à mon avis la conjonction enclitique *-iz-*, qui serait écrite **-yc*. Quoi qu'il en soit, nous avons là un bel «andarz» que l'on peut ajouter désormais aux nombreux autres qui sont attestés sur des sceaux. Cette introduction, qui se veut brève, à propos du matériel épigraphique contenu ici, en montre suffisamment la richesse aux yeux du linguiste et de l'historien. Celui-ci devrait trouver dans ce nouveau Catalogue, d'utiles informations, qui constituent pour la période sasanide tardive de véritables nouvelles sources.

Ph.G.

Matériau, forme et décoration des sceaux

Il est intéressant de constater qu'il existe une relation entre les formes des cachets et le matériau que le graveur a utilisé pour les réaliser. Certains matériaux sont réservés pour certaines formes: le grenat almandin est exclusivement employé pour des chatons et des cabochons; d'autres matériaux sont destinés à exécuter des formes diverses: nous trouvons aussi bien des chatons et cabochons, que des dactylioïdes et ellipsoïdes en cornaline. La calcédoine, la sardoine, le jaspe, l'hématite sont plus largement utilisés pour des dactylioïdes et des ellipsoïdes que pour des chatons ou des cabochons.

[37] 120 254 = NF 3: Bivar, *Catalogue* p. 113, a donné un déchiffrement sans interprétation. J'ai moi-même déjà tenté de fournir une interprétation dans mon art. «Cachets sassanides du British Museum», dans *Varia 1976* (Acta Iranica 12) p. 143.

[38] *O.c.*, p. 113.

Il n'est certes pas possible de formuler des généralités sur les matériaux et les formes à partir d'échantillons somme toute peu nombreux.

Toutefois il est certain que les graveurs de cachets sasanides avaient une prédilection pour certains minéraux, et particulièrement pour certaines formes de silice. Nous trouvons dans cet ensemble des sceaux en calcédoine (23 %), sardoine (3 %) et cornaline (13 %); l'agate y est aussi très bien représentée (37 %), le quartz, surtout sous la forme de jaspe, beaucoup moins (12 %). Les autres minéraux sont peu présents, à part le grenat almandin (6 %). Les minerais représentent 4 % du total, et les autres matériaux 2 %.

Nous avons déterminé empiriquement le matériau de chaque sceau; il y a sûrement de petites erreurs dans la définition de certains matériaux: ainsi il est possible que certains cachets décrits comme «jaspe vert» soient en héliotrope. Nous avons noté pour certains sceaux «pierre inhabituelle». Ce sont des pierres qui ne font pas partie de la gamme habituelle des matériaux utilisés pour les cachets sasanides et que nous n'avons pas pu identifier.

Nous pouvons constater que la gamme des matériaux et formes utilisée pour fabriquer les sceaux est somme toute assez restreinte. Il semble avoir existé des normes assez strictes de telle sorte que les exceptions sont peu nombreuses. D'ailleurs dans plusieurs cas on peut constater qu'un matériau de forme exceptionnelle va très souvent de pair avec une iconographie exceptionnelle et est parfois accompagné d'une inscription peu habituelle.

R.G.

CATALOGUE

SYSTÈME DE NUMÉROTATION DU CATALOGUE

Nous avons adopté deux numérotations: l'une générale, l'autre épigraphique.

1) La numérotation générale est indiquée en haut et à gauche: elle est composée de la juxtaposition de deux groupes de chiffres: le premier groupe indique le thème (cf. Composition du catalogue); le deuxième groupe comporte le numéro d'ordre. Pour certains sceaux d'une authenticité douteuse nous avons fait suivre le numéro général de (F?) pour *falsum*.

2) La seconde numérotation, inscrite à droite, concerne seulement les inscriptions, pour lesquelles un classement différent a été opéré sous l'angle épigraphique. Le premier chiffre (suivi d'un simple numéro d'ordre) correspond aux séries suivantes:

1. Sceaux purement épigraphiques;
2. Cachets administratifs et religieux;
3. Cachets privés;
4. Cachets privés avec formules;
5. Cachets à formules;
6. Cachets d'interprétation douteuse;
7. Cachets en hébreu;
8. Cachets en syriaque.

La concordance entre les deux numérotations est donnée en fin de volume.

CONSPECTUS DU CATALOGUE

00. CACHETS À INSCRIPTIONS		
A. Cachets officiels	00.1-00.10	Planche I
B. Cachets privés		Planche I
a. nom propre + formule	00.11-00.12	Planche I
b. nom propre	00.13-00.24	Planche II
c. formule	00.25-00.34	Planche II
10. FIGURES HUMAINES		
A. Sujet unique		
a. femme – de profil à droite		
— «à fleur»	10.1-10.3	Planche III
— «à diadème»	10.4	Planche III
— à instrument de musique	10.5	Planche III
— à «arcade»	10.7	Planche III
— de face, torse et visage de profil à droite, influence iconographique «étrangère»	10.8-10.11	Planche III
b. homme		Planche III
— «à fleur»	10.12	Planche III
— «à canne(?)»	10.13	Planche III
— «à crosse»	10.14-10.15	Planche III

— «à fleur»	10.16	
— «prêtre»	10.17	
— «à diadème»	10.18	
— «trônant»	10.19	
— à influence iconographique «étrangère»	10.20-10.22	
c. cavalier		
— «à diadème»	10.23	
— sans «attribut»	10.24-10.25	
— sur âne(?)	10.26-10.27	
— «royal(?)»	10.28	Planche IV
— avec deuxième cheval	10.29	
d. «Gayomard»	20.30-10.34	
e. parties du corps:		
— main — pouce à gauche	10.35-10.36	
— «à fleur»	10.37-10.38	
— main — pouce à droite	10.39-10.40	
B. Sujet multiple		
a. femme et enfant	10.41	
b. quatre cavaliers	10.42	
c. deux «gayomard»	10.43	Planche V
d. figures «à bâtons(?)»	10.44-10.45	
figures stylisées avec animaux	10.46-10.49	
figures schématisées	10.50-10.54	
11. HUMAIN IMPLIQUÉ DANS UNE ACTION AVEC UN AUTRE HUMAIN		
A. Action bienveillante		
a. «mariage»	11.1-11.2	
b. «union»	11.3-11.4	
c. femme et enfant	11.5	
d. présentation d'enfant	11.6-11.7	
e. «hommage»	11.8	
f. action indéfinissable	11.9	
B. Action malveillante	11.10	
13. HUMAIN AGISSANT ENVERS UN ANIMAL		
A. Action bienveillante:		Planche VI
— femme nourrissant(?) un coq	13.1	
— homme gardant petit bétail (moschophore)	13.2	
— homme domptant deux lions («Daniel»)	13.3-13.4	
B. Action malveillante:		
— femme «luttant» avec lion	13.5	
— homme «luttant» contre lion	13.6-13.8	
— homme «luttant» contre ours	13.9-13.10	
— homme «pêchant» un poisson	13.11	
— cavalier «chassant» lion	13.12-13.18	
14. HUMAIN INPLIQUÉ DANS UNE ACTION AVEC UN ÊTRE FANTASTIQUE		
Action malveillante		
— cavalier luttant contre un dragon	14.1-14.3	
— homme attaquant un homme ailé	14.4	
— homme attaquant un «monstre»	14.5	Planche VII

Sujet	Numéros	Planche
15. HUMAIN AGISSANT ENVERS UN ÉLÉMENT NATUREL		
— homme labourant la terre	15.1-15.2	
16. HUMAIN EN RELATION AVEC UN ÊTRE INANIMÉ		
— femme (?) devant un autel du feu	16.1	
— homme devant un autel du feu	16.2	
— homme devant un autel	16.3	
20. BUSTES HUMAINS		
A. Femmes	20.1-20.7	Planche VIII
B. Hommes		
— de profil	20.8-20.16	
	20.17-20.32	Planche IX
	20.33-20.53	Planche X
	20.54-20.70	Planche XI
— de face	20.71-20.78	Planche XII
C. Compositions avec tête ou buste humain . . .	20.79-10.83	
22. BUSTE HUMAIN «AGISSANT» ENVERS AUTRE BUSTE HUMAIN	22.1-22.5	
23. BUSTE HUMAIN ENGAGÉ DANS UNE «ACTION» AVEC UN ANIMAL	23.1	
30. ANIMAUX		
A. sujet unique		
1. Quadrupèdes:		
a. Souris	30.1-30.5	Planche XIII
b. Canidés	30.6	
c. Ours	30.7-10.8	
d. Félidés	30.9-30.21	
e. Suidés	30.22	Planche XIV
f. Eléphants	30.23-30.25	
g. Chevaux	30.26-30.28	
h. Chameaux	30.29-30.35	
i. Cervidés	30.36-30.39	
	30.40-30.44	Planche XV
j. Bovidés: - bovins: bœuf à bosse	30.45-30.59	
	30.60-30.61	Planche XVI
bœuf	30.62	
k. Bovidés: - ovins: ibex.	30.63-30.64	
béliers	30.65-30.69	
l. Antilopes.	30.70	
2. Oiseaux:		
a. Coqs	30.71-30.77	
	30.78-30.79	Planche XVII
b. Faisans	30.80-30.81	
c. Canards	30.82-30.86	
d. Paons	30.87	
e. Pintades	30.88	
f. Grues	30.89-30.90	
g. Aigles	30.91-30.93	
3. Autres animaux: scorpions	30.94-30.95	

B. Sujets multiples		
α. Deux sujets		
1. Quadrupèdes		
a. Souris.	30.96	
b. Equidés	30.97-30.98	
c. Cervidés et bovidés	30.99-30.100	
d. Bovidés: béliers, ibex	30.101-30.103	
2. Oiseaux	30.104-30.105	
β. Quatre sujets	30.106	
C. Parties du corps		
α. sujet unique		
— têtes	30.107-30.110	Planche XVIII
— têtes + cous	30.111-30.115	
β. plusieurs sujets		
— têtes	30.116-30.119	
— têtes +cous.	30.120-30.123	
— protomes	30.124-30.126	
31. Animal agissant envers un humain		
Action bienveillante: louve allaitant humain(s) . . .	31.1-31.5	
Action malveillante	31.6	
33. Animal agissant envers un autre animal		
A. Action bienveillante: animal allaitant animal . .	33.1-33.5	Planche XIX
B. Action indéfinie	33.6	
C. Action malveillante:		
— quadrupèdes	33.7-33.15	
— oiseau	33.16-33.23	
— deux sujets	33.24-33.25	
40. Êtres fantastiques		
A. Êtres naturels ailés		
a. Humains ailés		Planche XX
— sujet unique.	40.1-40.4	
— deux sujets	40.5	
b. Bustes ailés	40.6	
c. Chevaux ailés		
— sujet unique.	40.7-40.10	
	40.11-40.25	
— parties du corps — deux sujets.	40.26	
d. Lions ailés		Planche XXI
— sujet unique.	40.27-40.28	
— parties du corps	40.29-40.30	
e. Bovins ailés	40.31	
f. Ovins ailés	40.32	
B. Êtres composites		Planche XXII
a. Corps de bovidé, tête humaine + ailes . . .	40.33-40.43	
b. «Griffons»	40.44-40.47	
	40.48-40.49	
c. Êtres composites à queue de poisson	40.50-40.53	
d. Êtres à corps d'oiseau	40.54-40.57	Planche XXIII

SIGLES ET ABRÉVIATIONS

[. . .]	restauration sûre
[. . . ?]	restauration moins sûre
(. . .)	lecture douteuse
⟨. . .⟩	addition (par suite ou non d'une haplologie)
{. . .}	suppression (par suite ou non d'une dittographie)
(?)	interprétation incertaine
CII	Corpus Inscriptionum Iranicarum
OP	M. Mayrhofer, *Onomastica Persepolitana*
ŠKZ	Inscription de Šābuhr I à la Ka'aba de Zoroastre
n.d.l.	nom de lieu
n.pr.f.	nom propre féminin
n.pr.m.	nom propre masculin

CATALOGUE

00. CACHETS À INSCRIPTIONS

A. *Cachets officiels*

00.1 **1.1**

Inscription pehlevie en écriture lapidaire, au centre, de deux lignes:

1. 'ḥm
2. t'n

ainsi que sur le pourtour, de 6 à 2 h., suivie, de 2 à 6 h., de neuf cercles

'm'lkly

«Comptable de Hamadān»

Agate (légèrement brûlée). Dactylioïde. 16,9 × 22,1 × 21,8 mm.

Planche I, 00.1

00.2 **1.2**

Inscription pehlevie en écriture lapidaire, au centre, d'une ligne:

sp'ḥn

«Spāhān» (Ispahan)

Sur le pourtour, de 2 à 11 h., inscription en écriture lapidaire:

'ym'lkly (= āmārgar)

«Comptable d'Ispahan»

et de 10 à 2 h., 17 cercles.

Au centre, deux lignes en écriture cursive, l'une au-dessus et l'autre au-dessous de la première inscription, ajoutées certainement après coup, car elles ne peuvent faire partie de ce type:

plḥwyḥ

'pzwn'

«Fortune; Croissance»

Agate. Dactylioïde. 21,8 × 29,4 × 29,2 mm.

Planche I, 00.2

00.3 **1.3**

Inscription pehlevie en écriture lapidaire, au centre, d'une ligne:

gyl

«Gēl(ān)»

ainsi que sur le pourtour de 3 h. à 4 h.:

gy[l'n] ḥw'st 'plw[yc](y) [ḥw]slwd 'wst'nd[']l

«Gēlān, ōstāndār de Xvāst-Abarvēz-Husrōy»

Agate. Dactylioïde. 19,7 × 27,2 × 27 mm.

Planche I, 00.3

00.4 **1.4**

Inscription pehlevie en écriture lapidaire, de deux lignes, au centre:

1. 'lwp'
2. mgwḥ

ainsi que sur le pourtour de 7 h. à 8 h.:

pl'ḥwspylwc k⟨w⟩st' Y štrdst⟨'n⟩

«Mogvēh* de Āluh, Frāx-Visp-Pērōz région de la ville»

Agate. Dactylioïde. 18,8 × 24 × 24,5 mm.

Planche I, 00.4

00.5 **1.5**

Inscription pehlevie en écriture lapidaire, de deux lignes, au centre:

1. 'wlbr
2. mgwḥ

ainsi que sur le pourtour de 8 h. à 4 h., suivie par 10 cercles:

myšwny

«Mésène; Mogvēh de ...»

Sardoine. Dactylioïde. 16,2 × 22,2 × 21,7 mm.

Planche I, 00.5

00.6 **1.6**

Inscription pehlevie en écriture lapidaire, de deux lignes, au centre:

1. gwbl
2. mgwḥ

ainsi que sur le pourtour, de 6 h. à 11 h., suivie de quatre cercles:

'ltḥštl⟨G⟩DH

«Ardaxšīr-Xvarrah; mogvēh de Gōr?»

Agate. Dactylioïde. 18,3 × 23,4 × 23,2 mm.

Planche I, 00.6

* ⟨*magu-vaidya-. Sur ce titre, cf. mon article à paraître «Une catégorie de mages à la fin de l'époque sasanide». Pour alléger ce Catalogue, les notes relatives à l'étymologie des noms propres ont été réduites au minimum, et seront à trouver dans ma contribution à l'*Iranisches Personennamenbuch*, en préparation. (Ph. G.)

00.7 **1.7**

Inscription pehlevie en écriture lapidaire, de deux lignes, au centre:

1. slky
2. mgwḥ

ainsi que sur le pourtour de 8 h. à 11 h.:

nwt'lthštlk'n

«Nōd-Ardaxšīragān; mogvēh de Sarak»

Sardoine. Dactylioïde. 16,8 × 23,6 × 23,2 mm.

Planche I, 00.7

00.8 **1.8**

Inscription pehlevie en écriture lapidaire, de trois lignes, au centre:

1. lwtw
2. 'l
3. mgwḥ

ainsi que sur le pourtour de 7 h. à 12 h., suivie de sept cercles:

lwd['n] W zlyḥ'n

«Rōyān et Zalēxān, mogvēh de Rōdvār»

Sardoine. Dactylioïde. 18,6 × 24,8 × 24,8 mm.

Planche I, 00.8

00.9 **1.9**

Inscription pehlevie en écriture lapidaire, au centre, de trois lignes:

1. plwḥty
2. ZY plwtl
3. mgwḥ

ainsi que sur le pourtour de 6 h. à 1 h.; suivie de trois cercles:

wyḥkw't

«Veh-Kavād; mogvēh de Fravaxt(?) la basse»

Calcédoine. Dactylioïde. 17,6 × 24,5 × 23,5 mm.
CII, pl. XXXI, 2.

Planche I, 00.9

00.10 **1.10**

Inscription pehlevie en écriture lapidaire, au centre, de quatre lignes:

1. tswkw Y (ou ZY)
2. 'spl'sw W
3. w'ls(y')w
4. mgwḥ

ainsi que sur le pourtour de 5 h. à 2 h.:

'plštl

«Abaršahr; mogvēh du district de A... et Vārsyāv?»

A la suite, quatre cercles, ainsi qu'un cercle avant l'inscription sur le pourtour.

Agate. Conoïde perforé. 20,5 × 22,7 × 22,7 mm.
CII, pl. XXXI, 1.

Planche I, 00.10

B. *Cachets privés*

a. nom propre + formule

00.11 **1.11**

Inscription pehlevie en écriture cursive d'une ligne au centre:

štry (= fin de l'inscription?)

Sur le pourtour:

1. mwdl' Y b'p(k) Y...
2. 'pzwt'

«Sceau de Bābag, fils de ...; croissance»

Dans le champ, au-dessus et en-dessous de l'inscription centrale, un croissant et une étoile à six branches.

Calcédoine. Dactylioïde. 17 × 22,8 × 22,4 mm.

Planche I, 00.11

00.12 **1.12**

Inscription pehlevie en écriture lapidaire de 4 lignes:

1. [']pst'n PWN y[zd'n?]
2. pwl'twlm'ḥ Y
3. (...'wlḥl'n [...] 'sb'l
4. ...

«Confiance en les dieux; Pūr-Ādur-Māh fils de ...-Vahrām, cavalier?»

Cornaline. Cabochon plan. 7,3 × 15,3 × 11,9 mm

Planche I, 00.12

00.13 **1.13**

Inscription pehlevie en écriture lapidaire de trois lignes:

1. 'pst'n
2. bwḥtm'

3. ʿL yzdty
«Bōxt-Mā(h), confiance en la divinité»

Grenat almandin. Cabochon plan. 3,3 × 9,8 × 8,2 mm.
CII, pl. XXXIII, 23.
M. Mayrhofer, *Nachlese Altpersischer Inschriften*, 1978, p. 22 n. 49.

Planche II, 00.13

00.14 **1.14**

Inscription pehlevie en écriture lapidaire, au centre, d'une ligne:
'twry(y)
et sur le pourtour de 7 h. à 11 h.:
YḤWWN ŠPYL (+ un croissant?)
«Ādur, sois bon» (ou bien «ô Feu, sois bon»)

Agate. Ellipsoïde. 14,8 × 17,5 × 8,8 mm.
CII, pl. XXXII, 12.

Planche II, 00.14

b. nom propre

00.15 **1.15**

Inscription pehlevie en écriture cursive de trois lignes:
1. pylcyl'tḥš Y
2. mtrd't' Y PWN
3. 'nc'n YTYBWNyt
«Pīr-čēr-ātaxš, fils de Mihr-dād, qui siège (habite?) à Ančan?»

Calcédoine. Dactylioïde. 14 × 20 × 20 mm.
CII, pl. XXXI, 3.

Planche II, 00.15

00.16 **1.16**

Inscription pehlevie en écriture cursive de deux lignes:
1. 'bwlsm Y
2. 'rt'ḥštl'n
«Abursām, fils d'Ardaxšīr»

Au-dessus, un croissant et au-dessous, une étoile à six branches.
Cornaline. Cabochon plan à biseau resserré. 8,5 × 17,4 × 13,2 mm.
CII, pl. XXXII, 13.

Planche II, 00.16

00.17 **1.17**

Inscription pehlevie en écriture cursive de trois lignes:

1. ḥpt Y
2. lwb'n
3. twspyl'n

«Haft, fils de Ruvān-Tōs-Pīr»

(< *habat-aspa, cf. Mayrhofer, *OP* 8.7)

Agate. Dactylioïde. 9,4 × 12,3 × 12 mm.

Planche II, 00.17

00.18 **1.18**

Inscription pehlevie en écriture cursive de deux lignes:

1. ḥwln'
2. Y (šy)l'n

«Xvarin, fils de Šīr»

Au-dessus, un croissant et au-dessous, une étoile à six branches.

Agate. Dactylioïde. 8,8 × 12,9 × 12,6 mm.
CII, pl. XXXII, 11.

Planche II, 00.18

00.19 **1.19**

Inscription pehlevie en écriture cursive de trois lignes:

1. plḥw'
2. dl'dd/yd
3. 'bwcyt

«Farrox-Darāyā-bōzīd»

A la suite de la deuxième ligne une étoile à six branches.

Calcédoine. Dactylioïde. 8,9 × 11,6 × 11,4 mm.
CII, pl. XXXII, 15.

Planche II, 00.19

00.20 **1.20**

Inscription pehlevie en écriture cursive de deux lignes:

1. wyl'c
2. bndk'

«Vīrāz-Bandag»

Agate. Dactylioïde. 9,9 × 13,4 × 13,2 mm.

Planche II, 00.20

00.21 **1.21**

Inscription pehlevie en écriture cursive d'une ligne:

'ltbndk'

«Ard-Bandag»

Au-dessous, une croix grecque.

Onyx (cornaline). Chaton rectangulaire à double biseau. 4 × 10,9 × 7,5 mm.

Planche II, 00.21

00.22 **1.22**

Inscription pehlevie en écriture lapidaire d'une ligne:

tbḥ

«Tabah?»

Dans le champ, en haut, une étoile à huit branches et en bas, un croissant. Sur le pourtour, une décoration à «branches».

Hématite. Dactylioïde décoré (type IV). 18 × 23,6 × 17,4 mm.
CII, pl. XXXI, 8.

Planche II, 00.22

00.23 **1.23**

Inscription pehlevie en écriture lapidaire d'une ligne:

m'l'p't

«Mār-ābād»

Au-dessus, un croissant, et au-dessous, une étoile à six branches.

Calcédoine. Conoïde perforé. 17 × 18,4 × 17,7 mm.
CII, pl. XXXII, 10.

Planche II, 00.23

00.24 **1.24**

Inscription pehlevie en écriture cursive de deux lignes:

1. ...bwḥt
2. ...

«...-bōxt,...»

Au-dessous, un croissant et une étoile.

Calcédoine. Dactylioïde. 10,5 × 14 × 14 mm.
CII, pl. XXXII, 16.

Planche II, 00.24

c. Formule

00.25 **1.25**

Inscription pehlevie en écriture lapidaire de sept lignes:

1. BYN dwš
2. mn wny'r
3. šld'ly
4. YḤWWNš W
5. PWN yzd'n
6. l'st Y
7. ḤWWNš

«Sur les ennemis, sois un gouverneur triomphant, et à l'égard des dieux, sois droit».

Au-dessous, une étoile à six branches et un croissant.

Sardoine. Ellipsoïde décoré (type II). 22,5 × 26,5 × 14,4 mm.

Planche II, 00.25

00.26 **1.26**

Inscription chrétienne pehlevie en écriture lapidaire de cinq lignes:

1. ML'ḤY ZY
2. PWN 'sm'n LK
3. bwcy MN bcky
4. nmc'pst Z[Y]
5. MLK' zynym

«O Seigneur qui (êtes) aux cieux, sauve des péchés, (toi à qui) est due la louange, Roi, mon armure»

Le seul mot difficile me semble être *nmc'pst*, écrit défectivement pour *nm'c'p'dyst, et que j'interprète comme un *bahuvrīhi*: *namāz-abāyist*.

Agate. Ellipsoïde. 17,4 × 21,1 × 14,3 mm.

Planche II, 00.26

00.27 **1.27**

Inscription pehlevie en écriture cursive de trois lignes:

1. 'b̲yd̲'t-m
2. 'ḤDWN
3. ḤY'

«Souviens-toi de ma vie»

Cornaline. Cabochon plan. 5,4 × 12 × 11,5 mm.
CII, pl. XXXII, 14.

Planche II, 00.27

00.28 **1.28**

Inscription pehlevie en écriture cursive de deux lignes:

1. plḥwyḥ
2. 'pzwn'

«Fortune, Croissance»

Cornaline. Cabochon plan. 5,5 × 15,4 × 13,3 mm.
CII, pl. XXXI, 7.

Planche II, 00.28

00.29 **1.29**

Inscription pehlevie en écriture cursive d'une ligne:

pylwcyḥ
«Victoire»

Cornaline. Cabochon serti dans bague. ? × 16 × 13 mm.

Planche II, 00.29

00.30 **1.30**

Inscription pehlevie en écriture cursive d'une ligne:

'pzwn'
«Croissance»

Grenat. Cabochon concave. 4,2 × 12,2 × 9,8 mm.
CII, pl. XXXI, 5.

Planche II, 00.30

00.31 **1.31**

Inscription pehlevie en écriture cursive d'une ligne:

'pzwn'
«Croissance»

En-dessous, un croissant.

Grenat. Cabochon «irrégulier». 6,7 × 14,8 × 10,7 mm.

Planche II, 00.31

00.32 **1.32**

Inscription pehlevie en écriture lapidaire d'une ligne:

'pz'l
«Puissance»

Cornaline. Cabochon concave à bord horizontal. 3,5 × 11,8 × 9,2 mm.
CII, pl. XXXIII, 22.

Planche II, 00.32

00.33 **1.33**

Inscription pehlevie en écriture cursive d'une ligne:

plḥwyḥ
«Fortune»

Pierre exceptionnelle. Chaton de forme exceptionnelle. 5 × 15,8 × 9,7 mm.
CII, pl. XXXI, 6.

Planche II, 00.33

00.34 **1.34**

Inscription pehlevie en écriture cursive:

plḥwyḥ
«Fortune»

CII, pl. XXXIII, 21.

Planche II, 00.34

10. FIGURE HUMAINE

A. *«Sujet unique»*

a. Figure de femme

10.1 **4.1**

Figure de femme, de profil à droite, tenant à la main droite une fleur à trois pétales et deux feuilles qu'elle semble humer. Le bras gauche pend. Coiffure avec trois longues tresses tombant jusqu'à la hanche. Robe longue, à manches longues bien marquées aux poignets, à plis diagonaux. Souliers.
Dans le champ, à droite, un croissant, et à gauche, une étoile à six branches.

Inscription pehlevie en écriture lapidaire de 5 à 8 h.:
[ḥ]ylptdwḥty ḥwmtly
«Hērbed-duxt, fidèle»

Sardoine. Dactylioïde décoré (type I 4). 17,7 × 24 × 20,3 mm.
CII, pl. XXXIX, 74.

Planche III, 10.1

10.2 **6.1**

Figure de femme, de profil à droite, tenant à la main droite une fleur à trois pétales, le bras gauche pendant. Exécution schématique: coiffure à longue «queue», robe à mi-mollet indiquée par une ligne de contour et quelques traits verticaux.

Inscription pehlevie en écriture cursive de 4 à 2 et de 9 à 7 h.:
Signes incompréhensibles, pour 'pst'n (?).

Cornaline. Ellipsoïde. 15,7 × 19,4 × 11 mm.

Planche III, 10.2

10.3 **5.1**

Figure de femme, de profil à droite, tenant à la main droite une fleur à trois pétales, le bras gauche pend le long du corps. Chevelure à longue queue, vêtue d'une robe «à plis».

Inscription pehlevie en écriture lapidaire de 4 à 8 h.:
'pyst'n
«Confiance»

Grenat almandin. Chaton convexe. 3,4 × 11,7 × 7,6 mm.

Planche III, 10.3

10.4 **3.1**

Figure de femme, de profil à droite, tenant à la main droite un anneau à deux bandelettes, le bras gauche pend le long du corps. Coiffure à une tresse. Robe «à plis» et «cape».

Inscription pehlevie en écriture lapidaire de 4 à 7 h.:
spndlmt klpkrny
«Spandarmad, fille de Kirbakkar»

Cornaline. Chaton à biseau resserré. 4,1 × 18,5 × 14,2 mm.
CII, pl. XXXIX, 76.

R. Ghirshman, *Henning Memorial Volume*, pp. 178-179.
Ph. Gignoux, *Le Muséon*, t. 85 (1972), p. 553.

Planche III, 10.4

10.5

Figure de femme, de profil à droite, tenant dans les bras un instrument de musique. Robe «à plis». Coiffure courte. Sur le pourtour, décoration de «branches».

Calcédoine. Dactylioïde décoré (type I 4). 17,7 × 22,5 × 18 mm.

Planche III, 10.5

10.6 **3.2**

Figure de femme, passant à droite, tenant de ses deux mains de part et d'autre de son visage, une arcade au-dessus de sa tête, dont les extrémités sont pourvues de deux bandelettes chacune. Chevelure se terminant par deux longues «queues» tombant jusqu'à la hanche. Un vêtement très collant au corps semble être indiqué au cou et aux pieds. Une ceinture de plaques rondes et des boucles d'oreilles à trois éléments.

Inscription pehlevie en écriture lapidaire de 10 à 1 h:
m'ḥyzdy'n ZY dycḥlyt'n
«Māh-Yazdān, fils de Dičihrid?»

Agate. Ellipsoïde. 18 × 22,4 × 16 mm.

Planche III, 10.6

10.7 **2.1**

Figure de femme, de face, le buste et la tête de profil à droite, tenant à la main droite un objet, et à la main gauche une «fleur» à trois pétales. Le visage semble couvert d'un masque. Robe à plis seulement indiqués au-dessous de la ceinture. Dans le champ à gauche, une étoile à six branches.

Inscription pehlevie en écriture cursive de 11 à 1 h:
yzd'nd't Y mgw Y mtr'twrwlḥl'n'
«Yazdān-dād, mage, fils de Mihr-Ādur-Vahrām»

Calcédoine. Dactylioïde. 12,3 × 16,6 × 16,3 mm.

Planche III, 10.7

10.8 (F?) **6.2**

Figure de femme, de profil à droite, tenant à la main gauche une fleur, devant le visage, l'autre main s'appuyant sur la hanche. Pas d'indication de vêtement, mais des souliers.

Inscription pehlevie en écriture lapidaire de deux lignes.
N'ayant pas vu la pierre, je ne peux fournir aucun déchiffrement valable.

Serpentine. Cabochon plan. 3,5 × 20,4 × 11,2 mm.
CII, pl. XXXIX, 75.

Planche III, 10.8

10.9 **3.3**

Figure de femme, de profil à droite, au-dessus de deux lignes. Elle tient à la main gauche une fleur à trois pétales et le bras droit plié, la main devant le corps.

Inscription pehlevie en écriture lapidaire de 11 à 8 h:
p'pydy
«Pābiy»

Planche III, 10.9

10.10 **2.2**

Figure de femme, de profil à droite, le buste tourné de trois quarts tenant devant elle une coupe(?) de ses deux mains. Robe longue. Exécution sasanide?

Inscription pehlevie en écriture lapidaire de 10 à 1 h.:
wḥwmn ZY š'bstn NPŠH
«Propriété de Vahman, eunuque»

Grenat. Cabochon plan. 3,6 × 14,8 × 10,5 mm.

Planche III, 10.10

10.11 **4.2**

Figure féminine tournée complètement de profil à droite, dans une position particulière (le genou plié, le bras droit levé et replié vers le dos, au-dessus d'une ligne) et apparemment nue.

Inscription pehlevie en écriture lapidaire de 4 à 7 h. et de 10 à 7 h. en seconde ligne:
blḥyšwdy ZY ḥlgty BRH 'pst'n 'L yzdt
«Bar-Išō(y) fils de ....; confiance en la divinité»
Le premier nom semble nettement chrétien («fils de Jésus»). La petite croix au début de la deuxième ligne de l'inscription peut indiquer aussi qu'il s'agit d'un cachet chrétien.

Grenat almandin. Chaton à biseau resserré. 2,7 × 15,7 × 11,3 mm.

Planche III, 10.11

b. Figure d'homme

10.12 **4.3**

Figure d'homme, de profil à droite, les pieds de face, tenant devant lui à la main droite une fleur à trois pétales et peut-être à la main gauche, tendue vers le bas, un «anneau».
Dans le champ, à gauche, une étoile à six branches et un croissant.

Inscription pehlevie en écriture lapidaire de 4 à 6 h.:
b'pydy 'pst'n 'L yz
«Bābiy; confiance en la divinité»

Jaspe. Chaton à biseau évasé. 6,6 × 14,3 × 14,3 mm.
CII, pl. XXXIX, 73.

Planche III, 10.12

10.13 **6.3**

Figure d'homme, de profil à droite, les deux bras tendus devant la poitrine, à droite.

Inscription pehlevie en écriture lapidaire de 5 à 10 h.:
blp... «Bar-...»

Agate. Chaton à biseau évasé. 3,6 × 10,1 × 8,2 mm.
CII, pl. XXXVIII, 69.

Planche III, 10.13

10.14 **3.4**

Figure d'homme de profil à droite, tenant de ses deux mains une longue croix, et vêtu d'une robe jusqu'aux genoux.

Inscription pehlevie en écriture cursive de 11 à 2 h.:
yšwdbndk' kšyš[']
«Išō(y)-bandag, prêtre»
Il est intéressant de noter la graphie pehlevie du titre et le manque d'izāfet comme dans l'inscription suivante n° **8.1.**

Agate. Dactylioïde. 8,7 × 13,1 × 12,7 mm.
Lerner, *Christian Seals*, p. 34: 18, p. 41: n° 9, pl. II, 12.

Planche III, 10.14

10.15 **8.1**

Figure d'homme, de profil à droite, pieds de face, tenant de la main gauche une longue croix. Il est vêtu d'une longue robe jusqu'à mi-mollet.

Inscription syriaque de deux lignes à gauche:
1. yšwʿ
2. qšyš'
«Išōʿ, prêtre»

Calcédoine. Dactylioïde. 10,9 × 14,9 × 14,6 mm.

Planche III, 10.15

10.16

Figure d'homme de profil à droite, une jambe pliée au genou à 90°, tenant à la main une fleur(?) à trois pétales.
A comparer avec type 40.2 et 40.3.

Agate. Cabochon plan. 3,6 × 12,3 × 8,3 mm.

Planche III, 10.16

10.17

Figure d'homme de profil à droite, les deux mains levées. Coiffure de boucles sur la tête. Robe longue plissée à manches longues et tombant jusqu'au dessus des pieds. «Cape» en plis.
Dans le champ, à gauche, un autel avec au-dessus une croix, et, à droite, une croix.

Agate. Ellipsoïde décoré (type II). 22,3 × 28 × 18,7 mm.
Lerner, *Christian Seals*, p. 34: 20, pl. II, 14.

Planche III, 10.17

10.18 **3.5**

Figure d'homme, corps de face, et tête de profil à droite, dont les pieds ne sont pas

visibles. Il semble tendre le bras droit devant le corps vers la gauche et tenir à la main un anneau à bandelettes.
Robe longue à plis évasés.

Inscription pehlevie en écriture lapidaire de 11 à 1 h.:
[w]lḥl[']n ZY ml(g)'n
«Vahrām, fils de Marg?»

Grenat almandin. Cabochon serti dans bague. ? × 13,3 × 9,8 mm.

Planche III, 10.18

10.19

Figure d'homme de fase, assis sur un banc les jambes repliées sous lui(?). Le bras gauche est plié devant le corps et de la main gauche, l'homme tient un objet(?), de la main droite un sceptre(?). Au-dessus de ses épaules, une auréole constituée par une ligne et des traits perpendiculaires. Sortant de chaque épaule une bandelette. Coiffure à boucles sur la tête et deux chignons bouclés de part et d'autre du visage. Le banc est posé sur des pieds circulaires et sur le devant est figuré un masque de lion. Sur le banc, de chaque côté du personnage, un coussin.

Agate. Ellipsoïde décoré (type I 1a). 17,7 × 22,6 × 16,2 mm.

Planche IV, 10.19

Style non-sasanide

10.20 **5.2**

Figure d'homme, corps de face, tête de profil à droite, dans une attitude particulière: la jambe droite est tendue en haut et soutenue par la main droite. Le vêtement, indiqué par une ligne autour du cou et une double ligne à la ceinture. Sur le pourtour à droite, un motif décoratif constitué par une bande en léger relief rehaussée par de petits traits parallèles.

Inscription pehlevie en écriture lapidaire de 12 à 6 h.:
l'styḥy p'lswmy
«La droiture est excellente»

Sardoine. Ellipsoïde. 21,5 × 28,5 × 18,4 mm.

Planche IV, 10.20

10.21

Figure d'homme de face, la tête de profil à gauche, tenant une lance de la main droite et un objet indéterminé de la main gauche. Dans le champ, à gauche, un scorpion et à droite, un monogramme.

Cornaline. Cabochon plan à biseau resserré. 3,1 × 15,8 × 12 mm.

Planche IV, 10.21

10.22 **5.3**

Figure d'homme, assis sur un tabouret, de profil à droite. Il tient de la main droite une lance du côté gauche; l'autre main semble reposer sur le genou. Coiffure en deux zones et robe longue. Deux bandelettes partent probablement d'un bandeau autour de sa tête, et deux de la lance. Dans le champ, à gauche, un croissant et à droite, une étoile à six branches.

Inscription pehlevie en écriture lapidaire de 4 à 7 h.:

'pz'ḥy'y 'pst'n P⟨WN⟩ nyl'm'n

«Avec accroissement (prospérité), confiance en Nērā̆mā̆n» — Ce nom de Nērā̆mā̆n est sans doute identique au nom écrit en général *Nērōmān*, attesté dans les inscriptions de Tang-ī Xōšk, I, 4 et II, 1, et venant de l'ir. ancien *nariya-manah. Cf. M. Mayrhofer, *Onomastica Persepolitana*, p. 211 nº 8.1246, et sur le nom avestique *nərəmanah-*, voir du même auteur, *Iranisches Personennamenbuch*, Bd. I, Fasz. 1, *Die Avestischen Namen*, Wien 1977, p. I/64, nº 232.

Agate. Ellipsoïde décoré (Varia V). 25,2 × 30 × 22,8 mm.
CII, pl. XXXIX, 71.

Planche IV, 10.22

c. Cavalier

10.23 **3.6**

Cavalier à droite, tenant de la main gauche un anneau (ou couronne). Dans sa coiffure semble fixé un ruban à bandelettes. Dans le champ, en haut, un croissant, et à droite une étoile à six branches et un scorpion.

Inscription pehlevie en écriture lapidaire de 11 à 8 h.:

gytmḥy ou gwtmḥy?

Calcédoine. Dactylioïde. 20,7 × 26,2 × 19,7 mm.
CII, pl. XXXVIII, 70.

Planche IV, 10.23

10.24

Cavalier à droite, les mains peut-être levées en geste de prière.
Sur le pourtour, un bord de larges traits parallèles.

Agate. Dactylioïde. 14,3 × 17,5 × 15,7 mm.

Planche IV, 10.24

10.25

Cavalier à droite, tenant ses deux mains en geste d'orant.

Sardoine. Ellipsoïde. 25,2 × 32,4(× 24,2) mm.

Planche IV, 10.25

10.26

Cavalier sur âne de profil à droite. Autour de la tête, une auréole. Dans le champ, de part et d'autre du cavalier, trois figures humaines semblant brandir une croix.

Agate. Ellipsoïde. 23 × 28 × 20,8 mm.
Lerner, *Christian Seals*, p. 36: 29, pl. IV, 22.

Planche IV, 10.26

10.27

Cavalier sur âne, de profil à droite. Autour de la tête, une auréole.
La main droite levée.
Dans le champ, des traces d'inscriptions?

Métal (bronze?). Dactylioïde de forme exceptionnelle. 17,8 × 20,3 × 18,3 mm.

Planche IV, 10.27

10.28

Cavalier de face, sur cheval harnaché passant à droite.

Cornaline. Chaton à biseau resserré. 3 × 17,4 × 14,7 mm.

Planche IV, 10.28

10.29 **6.49**

Cavalier de profil à droite, avec autre cheval le précédant à droite. Vêtement long et lance(?) à la main.

Inscription pehlevie de 2 à 12 h. effacée.

Hématite. Dactylioïde. 17 × 23,7 × 22 mm.

Planche IV, 10.29

d. «Gayomard»

10.30 **6.4**

Figure de «Gayomard», la tête de profil à droite.

Inscription pehlevie en écriture cursive de 4 à 8 h. en positif:
caractères sans signification

Jaspe. Dactylioïde. 22,7 × 27,4 × 22,2 mm.
CII, pl. XXXIX, 72.

Planche IV, 10.30

10.31

Figure de «Gayomard».

Agate. Dactylioïde. 18 × 24,7 × 23,4 mm.

Planche IV, 10.31

10.32

Figure de «Gayomard».

Calcédoine. Dactylioïde. 18,6 × 24,1 × 22,6 mm.

Planche IV, 10.32

10.33

Figure de «Gayomard», tenant de la main droite une lance ornée d'un serpent, de la main gauche une lance ornée d'un scorpion. Au-dessus de chaque main, un oiseau, et entre les jambes écartées un chien.

Agate. Conoïde perforé. 20,6 × 23,4 × 23,4 mm.

Planche IV, 10.33

10.34

Figure de «Gayomard» tenant de la main droite une lance ornée d'un scorpion et de la main gauche une lance ornée d'un serpent. Au-dessus de chaque main, un oiseau, et entre les jambes écartées, un élément floral(?) à base et trois éléments. Dans le champ, à gauche, une étoile à huit branches.

Agate. Conoïde perforé. 25,2 × 29,4 × 28,2 mm.

Planche IV, 10.34

e. Parties du corps: mains

10.35 **4.4**

Main, dont l'index et le pouce se touchent.

Inscription pehlevie en écriture lapidaire de 5 à 5 h.:
ḥrtyzd't 'pst'n(y)
«Xrad-Yazd-dād, confiance»

Jaspe. Dactylioïde. 18,8 × 22,2 × 17,3 mm.
CII, pl. XXXVII, 55.

Planche IV, 10.35

10.36 **6.5**

Main dont l'index et le pouce se touchent; au poignet sont attachées deux bandelettes.
Un petit animal sautant, soit tenu par la queue entre l'index et le pouce, soit «dans le champ» à gauche de 10 à 8 h., tenant dans la bouche une fleur à quatre pétales.

Inscription pehlevie en écriture lapidaire de 4 à 10 h.:
p'knywdwsty (peut-être P⟨WN⟩ 'knyn dwsty)
«Pāk-nēv-dōst»
ou formule: (Soyons) «amis ensemble»

Agate. Ellipsoïde. 19,5 × 23,9 × 17,1 mm.

Planche IV, 10.36

10.37 **3.7**

Main dont l'index et le pouce tiennent une fleur à trois pétales et deux feuilles. Le poignet se termine par deux bandelettes.

Inscription pehlevie en écriture lapidaire de 3 à 11 h.:
'pwdy
«Ābōy»

Agate. Ellipsoïde. 15,2 × 19,8 × 15,3 mm.

Planche IV, 10.37

10.38 **4.5**

Main dont l'index et le pouce tiennent une fleur à trois pétales et deux feuilles.

Inscription pehlevie en écriture lapidaire de 4 h. à 8 h.:
gwky ZY l'sty
«Gōk, droit»

Calcédoine. Ellipsoïde décoré (varia VII). 18,8 × 21,9 × 14,9 mm.
CII, pl. XXXVII, 57.

Planche IV, 10.38

10.39 **3.8**

Main dont l'index et le pouce se touchent; au poignet sont attachées deux bandelettes.

Inscription pehlevie en écriture lapidaire de 5 h. à 1 h.:

d'twd

«Dādōy»

Calcédoine. Dactylioïde. 9 × 13 × 11,8 mm.
CII, pl. XXXVII, 56.

Planche IV, 10.39

10.40

Main dont l'index et le pouce se touchent; au poignet sont attachées deux bandelettes. De part et d'autre de la main, un scorpion et une croix grecque. Ce sceau serait-il chrétien?

Grenat almandin. Chaton à biseau resserré. 2,3 × 14,3 × 11 mm.

Planche IV, 10.40

B. *Sujet multiple*

10.41 **3.9**

Femme et petit homme de profil à droite tenant chacun une fleur. La femme porte une robe longue et une coiffure à tresses. Le petit porte le costume sasanide et a les pieds de face.

Inscription pehlevie en écriture lapidaire de 11 à 7 h:

zlnypwsy

«Zarr-Pus»

Agate. Ellipsoïde. 13,3 × 16,6 × 11 mm.

Planche V, 10.41

10.42 **5.4**

Quatre cavaliers disposés en deux registres se faisant face. Les deux cavaliers dans le registre supérieur semblent tendre un objet et leurs chevaux sont représentés galopant.

Inscription pehlevie en écriture lapidaire de 2 à 5 h:

'pst'n ('L) yzd'n

«Confiance en les dieux»

Calcédoine. Ellipsoïde. 25,2 × 30,9 × 25,8 mm.

Planche V, 10.42

10.43 **6.6**

Deux figures de Gayomard disposées symétriquement autour d'un axe central. Sur le dos du cachet trois figures humaines, un rongeur, un scorpion, un oiseau de proie.

Inscription pehlevie en écriture lapidaire:
ḥw...?

Calcédoine. Dactylioïde. 26 × 35 × 32 mm.
CII, pl. XXXVII, 58, 58a.

Planche V, 10.43 et 10.43a

10.44

Figure de femme et d'homme de profil à droite. La femme à longue tresse est assise et tient un objet indéterminé.

Cornaline. Chaton à double biseau. 3,9 × 12,6 × 11,5 mm.

Planche V, 10.44

10.45 **6.7**

Figure de femme et de deux hommes de profil à droite. La femme est assise sur un tabouret; elle, et la figure à côté d'elle tiennent un objet. Ces trois figures se trouvent au-dessus d'un «trône».

Inscription pehlevie en écriture cursive gravée en positif de 10 à 10 h:
ŠRM-t šl' Y 'ny't'ty'tl't?
«Paix à toi, ...»

Cornaline (nicolo). Chaton à double biseau. 5,3 × 26 × 22,4 mm.

Planche V, 10.45

10.46 **6.8**

Deux figures tenant des deux mains un bâton de profil à droite. A gauche un rongeur(?), en bas un (?)

Sur le dos du même cachet une inscription pehlevie (10.46a) en écriture cursive gravée en positif, apparemment sans signification.

Calcédoine. Dactylioïde. 12 × 16,3 × 15 mm.
CII, pl. XXXVIII, 63.

Planche V, 10.46 et 10.46a

10.47 **6.9**

Deux figures «humaines» de profil à droite. Dans le champ, à gauche un scorpion, en haut un cervidé(?), à droite un rongeur et en bas un serpent.

Lettres pehlevies à 1 h.:
'n // et sur le dos 47a: ḥwlzmn
«Xvarizmān»?

Agate. Dactylioïde. 15,9 × 21,5 × 21,2 mm.

Planche V, 10.47 et 10.47a

10.48 **3.10**

Deux figures humaines de profil à droite. Dans le champ à gauche un rongeur, en haut un (?) et à droite un scorpion.

Inscription en écriture pehlevie sur le dos (10.48a) du cachet:
m'ḥtyzd'n
«Māhād-Yazdān»
(ou mḥdt?)

Sardoine. Dactylioïde. 19,8 × 24,3 × 23,7 mm.

Planche V, 10.48 et 10.48a

10.49 **6.10**

Deux grandes figures humaines de profil à gauche flanquées de deux petites figures humaines faisant face à un animal dressé sur ses pattes arrières tenant un bâton.

Sur le dos (10.49a) du sceau, un rongeur et quelques caractères pehlevis:
('pzwn?)

Calcédoine. Dactylioïde. 15,6 × 21,5 × 20,3 mm.

Planche V, 10.49 et 10.49a

10.50 **5.5**

Trois figures humaines(?)

Sur le dos du cachet un quadrupède et quelques caractères pehlevis (10.50a):
plḥw('ḥ)
«Prospérité»

Calcédoine. Ellipsoïde. 18 × 23 × 18,4 mm.

Planche V, 10.50 et 10.50a

10.51 **3.11**

Trois figures humaines(?). A gauche un scorpion, en bas un rongeur et un serpent et à droite un oiseau.

Inscription pehlevie en écriture lapidaire de 1 à 8 h.:
[dw]ḥtyk'lḥ
«Duxt-Kārx?»

Agate. Ellipsoïde. 16,8 × 20,6 × 11,5 mm.
CII, pl. XXXVII, 61.

Planche V, 10.51

10.52 **6.11**

Trois figures humaines dans le registre inférieur, au-dessus un scorpion, un oiseau et un rongeur, sur le bord inférieur un serpent.

Inscription pehlevie?

Agate. Forme exceptionnelle.

Planche V, 10.52

10.53 **3.12**

Trois figures humaines juxtaposées.
Au-dessus un oiseau, à gauche un scorpion, en bas deux rongeurs et à droite un serpent.

Inscription pehlevie en écriture lapidaire de 4 à 2 h.:
dt'twld'l'dy
«Dād-Ādur-Dārāy»

Agate(?). Dactylioïde rehaussé. 29,6 × 27 × 25,4 mm.
CII, pl. XXXVII, 59.

Planche V, 10.53 et 10.53a

10.54

A gauche une figure humaine, au centre un masque de bœuf, au-dessus un oiseau, à droite un quadrupède et en bas un serpent.

Calcédoine. Ellipsoïde. 24,5 × 31 × 25 mm.

Planche V, 10.54

11. HUMAIN IMPLIQUÉ DANS UNE ACTION AVEC UN AUTRE HUMAIN

A. *Action bienveillante*

a. « Mariage »

11.1

Figures de deux hommes (ou d'homme et de femme) se faisant face.

Fritte. Dactylioïde. 13,5 × 16,9 × 14,3 mm.

Planche VI, 11.1

11.2 **5.6**

A gauche figure de femme et à droite figure d'homme se faisant face et tenant tous les deux dans une main levée un objet et dans une main baissée un autre objet.

Inscription pehlevie en écriture cursive de 2 à 4 h.:
'pzwn'
«Croissance»

Agate. Dactylioïde. 9 × 12,7 × 12,7 mm.
CII, pl. XXXVIII, 62.

Planche VI, 11.2

11.3

A gauche figure d'homme assis et à droite figure de femme assise se faisant face et tenant ensemble un anneau à bandelettes.
Les sièges sur lesquels les personnages sont assis sont représentés.

Cristal de roche. Dactylioïde. 17,2 × 21,2 × 17,5 mm.

Planche VI, 11.3

11.4

A gauche figure d'homme assis et à droite figure de femme assise tenant à la main une fleur, se faisant face.
Entre les deux personnages se trouve un autel du feu et au-dessus une croix.
Les sièges sur lesquels les personnages sont assis sont représentés.

Calcédoine. Ellipsoïde décoré (varia VII). 27 × 33 × 27,6 mm.

Planche VI, 11.4

b. « Union»

11.5 **5.7**

A gauche une figure de femme et à droite une figure d'homme se faisant face dans une position d'accouplement.

Inscription pehlevie en écriture lapidaire de 3 à 11 h.:

l'st

«Droit»

Cristal de roche. Ellipsoïde décoré (type I 1). 16,2 × 19,2 × 10,8 mm.

Planche VI, 11.5

c. Femme et enfant

11.6

Femme assise de profil à droite tenant des deux mains un enfant de profil à gauche.

Cornaline. Ellipsoïde décoré (type II). 18,4 × 24,2 × 12,5 mm.

Planche VI, 11.6

d. Présentation d'enfant

11.7 **5.8**

Femme accroupie de profil à droite tenant un enfant de profil à gauche, semblant le présenter à un homme de profil à gauche qui est assis sur une sorte de divan à trois coussins et qui touche de la main l'enfant.

En-dessous du divan, un coussin.

Dans le champ à 12 h. une étoile.

Inscription pehlevie en écriture lapidaire de 7 à 1 h.:

'pst'n ʿL yzd'n

«Confiance en les dieux»

Agate. Ellipsoïde. 24 × 28,4 × 18,8 mm.

Planche VI, 11.7

e. Hommage

11.8

A gauche cavalier de profil à droite et à droite figure d'homme de profil à gauche qui tiennent ensemble un objet ou se donnent la main.

Dans le champ à 10 h. une étoile à six branches.

Agate. Dactylioïde segmentaire. 10,6 × 16,3 × 15,5 mm.

Planche VI, 11.8

f. Action indéfinissable

11.9 **3.13**

A gauche, un cavalier de profil à droite tenant une lance; il fait face à un homme représenté de face avec la tête de profil à gauche, lequel tient de la main gauche un poignard et de la main droite la lance du cavalier.

Inscription pehlevie en écriture lapidaire de 2 à 5 h.:
wylbwc 'twly ZY n'b'n'n
«Vīr-bōz-Ādur, fils de Nābān»

Agate. Dactylioïde. 21,4 × 28,9 × 27 mm.

Planche VI, 11.9

B. *Action malveillante*

11.10

Deux cavaliers se faisant face et tenant un objet en forme d'arc surmonté d'une fleur(?); au-dessous des chevaux est allongée une figure humaine sur le dos. Entre les deux cavaliers une tête de bœuf.

Agate. Dactylioïde. 22,2 × 29,3 × 27,7 mm.

Planche VI, 11.10

13. HUMAIN AGISSANT ENVERS UN ANIMAL

A. *Action « bienveillante »*

Femme nourrissant(?) un coq

13.1

Figure de femme de profil à droite tendant une grappe de raisins(?) à un côq de profil à gauche.
Une branche entoure de part et d'autre la scène.

Agate. Ellipsoïde. 20,3 × 25 × 16,8 mm.

Planche VI, 13.1

Moschophore

13.2 **4.6**

Figure d'homme de face la tête de profil à droite portant sur ses épaules un bélier. De part et d'autre des jambes de la figure deux protomes de béliers.

Inscription pehlevie en écriture lapidaire de 3 à 9 h.:
(š)'ḥyn pn'ḥy yzd'n
«Šāhēn; protection des dieux»

Agate. Ellipsoïde. 19 × 23,2 × 13,3 mm.

Planche VI, 13.2

« Daniel »

13.3

Figure d'homme de face la tête de profil à droite tenant les mains levées. De part et d'autre de la figure deux lions dressés.
Entre l'homme et chaque lion une croix.

Agate. Ellipsoïde. 21,3 × 25,6 × 18,3 mm.

Planche VI, 13.3

13.4 **6.12**

Figure d'homme de face la tête de profil à droite, les mains levées. De part et d'autre un lion dressé.

Inscription pehlevie en écriture lapidaire de 4 à 9 h:
gn(yw)mtr DLḤWN
«...-Mihr ... ?

Cornaline. Chaton à biseau resserré. 2,9 × 13,8 × 11,7 mm.

Planche VI, 13.4

B. *Action malveillante*

13.5 **5.9**

A gauche, figure de femme de profil à droite qui semble tenir la patte d'un lion dressé devant elle, de profil à gauche la tête de face.
Quelques larges traits sur le bord.

Inscription pehlevie en écriture lapidaire de 1 à 3 h.:
'pst'n ʿL yzd'n
«Confiance en les dieux»

Agate. Ellipsoïde. 18 × 22 × 17,8 mm.

Planche VI, 13.5

13.6

A gauche homme de face la tête de profil à droite tenant de la main gauche un lion dressé de profil à gauche et de la main droite un poignard.
Sur le bord, derrière le lion, trois cercles.

Cornaline. Ellipsoïde annulaire. 15,7 × 18,4 × 15,4 mm.

Planche VI, 13.6

13.7

A gauche un homme de profil à droite attaque avec une lance un lion dressé devant lui de profil à gauche.

Agate(?) Ellipsoïde décoré (type II, variante a). 16,6 × 20,8 × 15 mm.

Planche VI, 13.7

13.8

A droite homme de profil à gauche tenant de la main droite un lion, de profil à droite, et de la main gauche un poignard.

Calcédoine. Dactylioïde. 14,2 × 17,6 × 17,4 mm.

Planche VI, 13.8

13.9 **3.14**

A gauche homme de face la tête de profil à droite, tenant de la main gauche un ours (?) dressé devant lui de profil à gauche et un long poignard de la main droite.

Inscription pehlevie en écriture lapidaire de 3 à 6 h.:

'NH wymyn snpl'm
«C'est moi, Vēmēn, fils de Samb-Rām?»

Agate. Ellipsoïde. 23,4 × 28,3 × 17,7 mm.

Planche VI, 13.9

13.10 **6.13**

A gauche homme de face la tête de profil à droite attaquant avec une lance un ours dressé devant lui de profil à gauche.
Dans le champ, entre l'ours et l'homme, un croissant et une étoile à huit branches.

Inscription pehlevie en écriture lapidaire de 2 à 4 h.?:

... gwšnspy [ZY? ...]ḥ ...
«...-Gušnasp, fils de ...?»

Calcédoine. Dactylioïde. 15,7 × 22,1 × 20,3 mm.

Planche VI, 13.10

13.11

Homme assis de profil à droite pêchant un poisson.
Quelques larges traits sur le bord gauche.

Hématite. Dactylioïde segmentaire. 8,2 × 14,7 × 14,1 mm.

Planche VI, 13.11

13.12

Cavalier de profil à droite attaquant un lion dressé devant lui de profil à gauche.

Agate. Dactylioïde. 24,4 × 32,2 × 27 mm.

Planche VII, 13.12

13.13 **6.14**

Cavalier de profil à droite; devant le cheval un lion dressé de profil à gauche.

Inscription pehlevie en écriture lapidaire de 1 à 9 h.?:

'nḥy (ou s'agit-il de *'pst'n* en positif?)
ou de lettres ornementales?

Agate. Ellipsoïde. 18,4 × 22,3 × 18,4 mm.
CII, pl. XXXVIII, 67.

Planche VIII, 13.13

13.14

Cavalier de profil à droite, devant le cheval un lion dressé de profil à gauche. Quelques larges traits sur le bord.

Jaspe. Dactylioïde. 10,3 × 13,8 × 13,8 mm.

Planche VII, 13.14

13.15 **6.15**

Cavalier de profil à droite. Un lion de profil à droite se dresse derrière le cheval et un bélier de profil à droite est couché devant le cheval.
Quelques caractères pehlevis (sans signification apparente?)

Jaspe. Dactylioïde. 13 × 17,2 × 15,8 mm.
CII, pl. XXXVIII, 64.

Planche VII, 13.15

13.16 **6.16**

Cavalier de profil à droite. Un bélier de profil à droite est couché devant le cheval.

Quelques caractères pehlevis sans signification apparente.

Calcédoine. Dactylioïde. 17 × 21,6 × 17,3 mm.
CII, pl. XXXVIII, 66.

Planche VII, 13.16

13.17

Cavalier de profil à droite. Un cerf de profil à droite est couché devant le cheval. Deux points sur le bord.

Hématite. Dactylioïde. 17 × 21,2 × 20,7 mm.

Planche VII, 13.17.

13.18 **5.10**

Cavalier de profil à droite galopant. Une antilope galopant de profil à droite devant le cheval.
Quelques larges traits sur le bord inférieur.

Inscription pehlevie en écriture lapidaire de 3 à 10 h.:

'pstn'

«Confiance»

Agate. Chaton à biseau évasé. 5,1 × 22 × 21 mm.

Planche VII, 13.18

14. HUMAIN IMPLIQUÉ DANS UNE ACTION AVEC UN ÊTRE FANTASTIQUE

14.1 **5.11**

Cavalier auréolé tenant une crosse à croix.
Devant le cheval un serpent à sept têtes.

Inscription pehlevie en écriture lapidaire de 2 à 8 h.:
l'styḥy pḥlwmy
«Droiture parfaite»

Agate. Dactylioïde. 17,7 × 22,8 × 21,7 mm.

Planche VII, 14.1

14.2

Cavalier auréolé tenant une crosse(?) d'une main et de l'autre un anneau(?).
Devant le cheval un serpent à sept têtes.

Agate. Dactylioïde. 20,6 × 28,6 × 27,4 mm.

Planche VII, 14.2

14.3 **6.17**

Cavalier de profil à droite attaquant avec une lance un serpent à sept têtes.

Inscription pehlevie en écriture lapidaire:
à 12 h.: ḥp
â 6 h.: ḥ(t)?

Sardoine. Chaton à biseau resserré serti dans une bague. 14,8 × 13,8 mm.
CII, pl. XXXVIII, 65.

Planche VII, 14.3

14.4 **3.15**

A droite homme de profil à gauche attaquant avec une lance un humain ailé de profil à droite.

Inscription pehlevie en écriture lapidaire de 4 à 9 h.:
'twlsybwḥty
«Ādur-Sēbōxt»

Calcédoine. Ellipsoïde. 23,5 × 28,9 × 21,7 mm.

Planche VII, 14.4

14.5

A droite homme de face la tête de profil à gauche tenant à la main gauche une arme(?) et tenant par la main droite un être monstrueux de profil à droite.

Calcédoine. Forme exceptionnelle. Voir aussi 31.4

Planche VII, 14.5

15. HUMAIN AGISSANT ENVERS UN ÉLÉMENT NATUREL

Action de labourer

15.1

Homme de profil à droite dirigeant une charrue tirée par deux bœufs à bosse, partiellement superposés.
Sur le bord, de larges traits.

Agate. Ellipsoïde. 21,7 × 26,4 × 17 mm.

Planche VII, 15.1

15.2 **5.13**

Homme de profil à droite dirigeant une charrue tirée par deux bœufs à bosse, partiellement superposés.

Inscription pehlevie en écriture lapidaire de 5 à 11 h.:
'pst'n YL yzdty
«Confiance en la divinité»

Agate. Ellipsoïde. 17,9 × 22,2 × 16,2 mm.

Planche VII, 15.2

16. HUMAIN EN RELATION AVEC UN ÊTRE INANIMÉ

16.1 **4.7**

Femme de profil à droite tenant un objet de culte(?) devant un autel du feu à flammes.

Dans le champ à 1 h. une étoile à six branches, à 2 h. un croissant.

Inscription pehlevie en écriture lapidaire de 10 à 11 h.:

lmyḥ'n ḥwcyḥlwlḥl'n 'pst'n ʿL cy

«Ramēhān, fils de Hučihr-Vahrām, confiance en (la divinité?) (cy pour *yzd*??)

Jaspe. Ellipsoïde. 18,8 × 22,5 × 16,3 mm.

Planche VII, 16.1

16.2 **5.12**

Homme de profil à droite tenant le barsom(?) devant un autel du feu à flammes.
Dans le champ à 2 h. une étoile à six branches.

Inscription pehlevie en écriture lapidaire de 10 à 8 h.:

l's (pour *l'st*)

«Droit»

Agate. Ellipsoïde. 18,5 × 22,3 × 12,5 mm.

Planche VII, 16.2

16.3

Homme de face, la tête de profil à droite tenant de la main droite une arme et de la main gauche un anneau à bandelettes qu'il tend au-dessus d'un autel du feu.

Grenat almandin. Cabochon concave. 3,5 × 15,1 × 8,8 mm.

Planche VII, 16.3

20. BUSTES HUMAINS

A. *Femmes*

20.1 **3.16**

Buste de femme, de profil à droite.

Inscription pehlevie en inscription lapidaire de 4 à 8 h.:
s's'n dwḥty
«Sāsān-duxt»

Cornaline brûlée. Cabochon serti dans bague. 16,6 × 15,2 mm.
CII, pl. XLV, 127.

Planche VIII, 20.1

20.2 **3.17**

Buste de femme, de profil à droite.

Inscription pehlevie en écriture lapidaire de 3 à 8 h.:
bylcn 'ḥyty
«Burz-Anāhīd (le *w* a été noté faussement par *y*)

Agate. Dactylioïde. 14,1 × 17,4 × 15,7 mm.
CII, pl. XLV, 126.

Planche VIII, 20.2

20.3 **6.18**

Buste de femme, de profil à droite.

Inscription de trois lignes en écriture lapidaire. Chaque ligne commence à 4 h. 30, comme le montrent bien et le début de la 3ème ligne devant le buste de la femme, et l'enchaînement des mots exigé par la syntaxe. Les deux lacunes de la première ligne ne m'ont pas permis de restaurer deux mots, mais pour le reste du texte, je crois être parvenu à une interprétation assez satisfaisante, en dépit des problèmes qui se posent encore et que je traiterai dans le commentaire. Voici donc le texte:

1. mtlwb'n BYN '[...]b'(y) W ḥwmtlyḥ[y] ZK '[...]'wnty
2. ʿL pndy ZY 'ylpty ZY MLʿḤY tlsk'(s) prnydy
3. npšt 'YK 'ḤLydy YḤWW⟨N⟩

«Mihrbān andar ... ud humihrīh ān ..., ō pand ī Ērbed ī Xvadāy, tarsagāh Farriy nibišt kū pasiy bav!»

Trad.: «Amical en ... et en fidélité, ..., sur le conseil d'Ērbed le seigneur, le respectueux Farriy a écrit: «Sois humble! (litt. subalterne)».

Commentaire

Cette inscription, tant par sa longueur[1] que par son contenu, me paraît être l'une des plus intéressantes que je connaisse en sigillographie sasanide. Elle contient en effet un vrai petit texte qui me semble appartenir à la littérature de l'*andarz*. Plusieurs mots semblent bien l'indiquer: mihrbān, humihrīh[2], pand, tarsagāh, et peut-être même ce mot inconnu jusqu'ici en pehl. «*pasiy*», que j'explique ci-dessous. En raison de son importance, cette inscription appelle quelque commentaire, tant pour la lecture que pour l'interprétation.

Ligne 1:

mtlwb'n: il ne faut pas penser à un nom propre, qu'on lirait *Mihr-ruvān*, et qui n'aurait pas grand sens; mais la graphie, ici, de mihrbān ne doit pas nous étonner: le *w* est connu dans des mots venant de l'avestique, comme mihrōdruǰ (av. miθrō.druǰim, cf. MacKenzie, *Dictionary*, 56), baγōbaxt, etc... Sans doute attend-on un *p* au lieu du *b*, mais cette singularité pourrait indiquer, tout comme le type d'écriture lapidaire ici utilisée, que le cachet est assez tardif. Certes, mihrbān peut être aussi un nom propre, mais je pense qu'il s'agit d'une épithète, en relation avec *ō pand* et précédant le nom de celui qui a fait graver le sceau, *Farriy*.

Le mot qui suit BYN devrait être un abstrait, synonyme de humihrīh, mais je ne puis l'identifier.

Le dernier mot de cette première ligne ne peut se lire ni *amāvand*, car la lacune contient plus d'une lettre, ni *burzāvand*, car la première lettre semble être nettement un *alef*. Je n'ai donc pas de solution.

Ligne 2:

'ylpty ne peut s'interpréter comme *hērbed*, qui devrait être écrit 'yḥlpt(y), comme dans KKZ 3 et 17. Du reste, l'idéogramme qui le suit, est le titre du personnage dont on cite le conseil. Ce titre est attesté ailleurs dans cette collection: cf. 1.26, 2.35. Le nom d'*Ērbed* peut se comprendre comme *arya-pati, «dont le chef est un aryen».

[1] Il y a aussi dans ces collections des inscriptions assez longues, comme celle de 1.25, qui contient une formule de souhait relative à l'attitude politique et religieuse à adopter pour un chef. Mais pour la longueur, on ne peut guère que la comparer à un sceau de l'Ermitage, n. 980, qui n'a pas reçu jusqu'ici d'interprétation globale, et semble comporter surtout les titulatures d'un cachet officiel.

[2] Ce mot apparaît plusieurs fois sur les sceaux, comme adjectif ou comme abstrait (cf. mes «Cachets sassanides du British Museum», dans *Varia 1976* [Acta Iranica 12], 1977, p. 136: BM.119.768 et sceau de Berlin B.V.A. 1372. Il est ainsi souvent adjoint à un nom propre, tout comme *rāst* ou *rād*. Il faut donc prendre garde à ne pas le considérer comme un nom propre, bien que cela reste possible, comme l'interprète par ex. à tort Ch.J. Brunner, *Sasanian Stamp Seals in the Metropolitan Museum of Art*, 1978, p. 141, n. 22: ḥwmtry l'ty YḤWWNš signifie clairement «Sois fidèle et généreux!».

tlsk'(s) qualifie l'auteur de l'inscription tout comme mihrbān. Le *s* final semble assez probable, lorsqu'on scrute la reproduction du CII, pl. XLV.

Farriy s'explique aisément comme *farn-iya, hypocoristique dont j'ai montré qu'il existe en moyen-perse, cf. «Les noms propres en moyen-perse épigraphique», dans *Pad nām ī yazdān, Travaux de l'Inst. d'Ét. Iran.*, t. 9, p. 65.

Ligne 3:

npšt: le *t* a une barre inférieure très allongée, mais c'est bien le verbe qui est attendu avant 'YK. On notera que le *t* de tlsk's a la même forme.

'ḤLydy est de lecture certaine, et me semble particulièrement intéressant, car c'est le correspondant, non encore attesté jusqu'ici à ma connaissance, de pyšydy, «devant», qui nous est connu par KSM 37, et NPi 10 et 23 (cf. mon *Glossaire*, p. 33b). Cet adjectif peut signifier «d'après, futur», si on le rapproche de *pasēn* (dans l'expression *tan ī pasēn*, le corps futur, c.à.d. glorieux), mais aussi et plus probablement, «qui vient après, d'où subalterne, inférieur», si l'on pense à pēšōbāy «leader»; c'est pourquoi, j'ai rendu ce terme par «humble», pour lui donner un sens plus moral que hiérarchique, selon le contexte qui me semble être celui d'un andarz.

YḤWWN est écrit défectivement, mais cela est fréquent sur les sceaux.

Cornaline. Chaton serti dans une bague. 16,5 × 14,2 mm.
CII, pl. XLV, 125.

Planche VIII, 20.3

20.4 **4.8**

Buste de femme, de profil à droite.

Inscription pehlevie en écriture lapidaire de 4 à 8 h.:
šyls ZY l'sty
«Š..., droit»

Jaspe rouge. Ellipsoïde. 16,4 × 20 × 12 mm.

Planche VIII, 20.4

20.5 **5.14**

Buste de femme, de profil à droite.

Inscription pehlevie en écriture lapidaire de 4 à 9 h.:
YWM ŠPYL TB (le *B* a la forme du *b* hébreu)
«Fortuné, bon»

Agate. Ellipsoïde. 17,6 × 20,8 × 13,2 mm.

Planche VIII, 20.5

20.6 **5.15**

Buste de femme de profil à droite au-dessus d'une paire d'ailes.

Inscription pehlevie en écriture lapidaire de 3 à 9 h.:
'pst'n ʿL yzd'n
«Confiance en les dieux»

Calcédoine. Ellipsoïde décorée (type II). 20 × 23,8 × 14,4 mm.

Planche VIII, 20.6

20.7

Buste de femme, de profil à droite.

Cornaline-agate. Ellipsoïde. 15,4 × 18 × 9 mm.

Planche VIII, 20.7

B. *Hommes*

— *coiffure: boucles + tresses*

20.8

Buste d'homme (ou de femme!) de profil à droite avec le bras droit devant le buste et tenant une fleur à la main.

Grenat almandin. Cabochon serti dans une bague. 14,7 × 11,6 mm.

Planche VIII, 20.8

20.9 **3.18**

Buste d'homme de profil à droite.

Inscription pehlevie en écriture lapidaire de 12 à 9 h.:
swp'y
«S...»

Grenat almandin. Cabochon serti dans une bague. 16 × 9,8 mm.
CII, pl. XLI, 90.

Planche VIII, 20.9

20.10 **3.19**

Buste d'homme de profil à droite.

Inscription pehlevie en écriture lapidaire de 12 à 9 h.:
'rtḥštr
«Ardaxšīr»

Agate-cornaline. Ellipsoïde. 24,4 × 31 × 20,6 mm.
CII, pl. XLII, 104.

Planche VIII, 20.10

20.11

Buste d'homme de profil à droite.

Grenat almandin. Cabochon concave. 3,6 × 14,3 × 11,3 mm.

Planche VIII, 20.11

— *coiffures diverses + chignons*

20.12 **2.4**

Buste d'homme, de profil à droite.

Inscription pehlevie en écriture lapidaire de 3 à 9 h.:
(wr)tkdly ZY [mgw] ZY yzdklt'n
(Vardag-dār), mage, fils de Yazdgird»

Jaspe. Dactylioïde. 16,4 × 21,6 × 17,4 mm.
CII, pl. XLI, 88.

Planche VIII, 20.12

20.13 **2.5**

Buste d'homme, de profil à droite.

Inscription pehlevie en écriture lapidaire de 3 à 9 h. et une en écriture cursive en deuxième ligne de 1 à 2 h.:
1. d't'wḥlmzd ZY mg
2. ḥwlk
«Dād-Ohrmazd, mage» — «Xvarag» (peut-être le nom d'un deuxième propriétaire du sceau)

Agate. Dactylioïde. 15,6 × 20,2 × 17,8 mm.

Planche VIII, 20.13

20.14 **3.20**

Buste d'homme, de profil à droite.

Inscription pehlevie en écriture lapidaire de 3 à 9 h:
mtr 'twl bwny
«Mihr-Ādur-bun»

Agate. Ellipsoïde. 15,5 × 19,3 × 17 mm.

Planche VIII, 20.14

20.15 **3.21**

Buste d'homme, de profil à droite.

Inscription pehlevie en écriture lapidaire de 4 à 7 h.:
'twlplckly šḥpwḥl'n
«Ādur-Frā̆zgar, fils de Šābuhr»

Agate. Dactylioïde. 12,3 × 16,2 × 14,6 mm.
CII, pl. XLI, 92.

Planche VIII, 20.15

20.16 **2.6**

Buste d'homme, de profil à droite.

Inscription pehlevie en écriture cursive de 4 à 8 h.:
mtr't ZY SP⟨R?⟩'
«Mihrād, (scribe?)»

Cristal de roche. Dactylioïde. 6,4 × 9,5 × 9,5 mm.
CII, pl. XLI, 123.

Planche VIII, 20.16

– coiffure en deux parties avec partie lisse sur la tête

20.17 **3.22**

Buste d'homme, de profil à droite.

Inscription pehlevie en écriture lapidaire de 4 à 10 h.:
wrd'n 'twkn
«Vardān, fils d'Ādūg»

Agate. Ellipsoïde décoré (type II). 21,6 × 26,7 × 19,7 mm.

Planche IX, 20.17

20.18 **4.9**

Buste d'homme, de profil à droite.

Inscription pehlevie en écriture lapidaire de 6 à 8 h.:

wr'c ZY tyry BRH l'styḥy plswmy
«Varāz, fils de Tīr; la droiture est parfaite»

Calcédoine. Ellipsoïde. 23,2 × 29,3 × 21 mm.
CII, pl. XLI, 95.

Planche IX, 20.18

20.19 **4.10**

Buste d'homme, de profil à droite.

Inscription pehlevie en écriture lapidaire de 4 à 5 h.:
mylwky 'pst'n ʿL yzd'n
«Mērōg, confiance en les dieux»

Cornaline. Ellipsoïde décoré (type II). 19,1 × 23,6 × 10,9 mm.

Planche IX, 20.19

20.20 **3.23**

Buste d'homme, de profil à droite.
Dans le champ, à 12 h. croissant et à 8 h. une étoile à six branches.

Inscription pehlevie en écriture cursive de 4 à 10 h.:
[...]d'šy
Peut-être Vālaxš, qui serait normalement écrit wrd'ḥšy (ŠKZ 31)

Cornaline-agate. Ellipsoïde décoré (type II). 17,7 × 21,8 × 11,5 mm.
CII, pl. XLIII, 113.

Planche IX, 20.20

20.21 **4.11**

Buste d'homme, de profil à droite.

Inscription pehlevie en écriture lapidaire de 4 à 7 h.:
tylwsy 'pst'n ʿL yzd'n
«Tīrōs; confiance en les dieux»

Calcédoine brûlée. Ellipsoïde. 22,8 × 27,7 × 15,7 mm.
CII, pl. XLI, 89.

Planche IX, 20.21

20.22 **3.24**

Buste d'homme, de profil à droite.
Dans le champ, en bas un monogramme, à 8 h. un croissant et à 4 h, une étoile à six branches.

Inscription pehlevie en écriture lapidaire de 3 à 9 h.:
mtl'spyd'n
«Mihr-Aspiyān»

Agate. Ellipsoïde. 15,4 × 18,3 × 13 mm.
CII, pl. XLIV, 119.

Planche IX, 20.22

20.23 **3.25**

Buste d'homme, de profil à droite.

Inscription pehlevie en écriture lapidaire de 12 à 8 h.:
m'przy
«(Mābarz?)»

Agate. Ellipsoïde (annulaire) 16,4 × 21 × 16,4 mm.
CII, pl. XLIV, 122.

Planche IX, 20.23

20.24 **3.26**

Buste d'homme de profil à droite.

Inscription pehlevie en écriture lapidaire de 7 à 9 h.:
'pzwtšḥpwḥry b'lycky
«Abzūd-Šābuhr, fils de Bārēzag» (Ce peut être aussi le contraire: B. fils de A.-Š.)

Jaspe. Ellipsoïde. 24,5 × 27,5 × 17 mm.

Planche IX, 20.24

20.25 **3.27**

Buste d'homme, de profil à droite au-dessus d'une paire d'ailes.

Inscription pehlevie en écriture lapidaire de 3 à 9 h.:
pylwcnrsḥy
«Pērōz-Narseh»

Calcédoine. Ellipsoïde. 22 × 27,9 × 16 mm.

Planche IX, 20.25

20.26 **3.28**

Buste d'homme, de profil à droite.

Inscription pehlevie en écriture lapidaire de 4 à 5 h.:

(ʼ) ... ZY (ʼ) ... BRH
«X ... fils de Y ...»

Cornaline. Ellipsoïde décoré (type I 3). 18 × 22 × 12,8 mm.
CII, pl. XLIII, 108.

Planche IX, 20.26

20.27 **3.29**

Buste d'homme, de profil à droite.

Inscription pehlevie en écriture lapidaire de 2 à 10 h.:
'm'lyd'y
«Āmāriyā?»

Grenat. Cabochon concave de forme irrégulière. 6 × 16,3 × 13,5 mm.
CII, pl. XLV, 124.

Planche IX, 20.27

20.28 **5.16**

Buste d'homme de profil à droite.
Dans le champ à 8 h. une croix grecque.

Inscription pehlevie en écriture lapidaire de 3 à 9 h.:
'pstst'n (sic) YY yzdty [-*st*- écrit 2 fois par erreur]
«Confiance en la divinité»

Cornaline. Chaton serti dans une bague. 12,5 × 11,5 mm.

Planche IX, 20.28

20.29 **5.17**

Buste d'homme, de profil à droite. Dans le champ à 3 et à 9 h. un p (ou un m?).

Inscription pehlevie en écriture lapidaire de 3 à 9 h.:
'pst'n ʽL yzd'n
«Confiance en les dieux»

Jaspe fleuri. Dactylioïde. 15,7 × 20,5 × 16,6 mm.

Planche IX, 20.29

20.30 **5.18**

Buste d'homme, de profil à droite.

Inscription pehlevie en écriture lapidaire de 4 à 8 h.:

l'styḥ prs (pour prswm)
«La droiture est parfaite»

Agate. Ellipsoïde. 15,8 × 19,3 × 13,5 mm.

Planche IX, 20.30

20.31 **5.19**

Buste d'homme de profil à droite.

Inscription pehlevie en écriture lapidaire de 4 à 9 h.:
'pst'n ʿL yzd
«Confiance en la divinité»

Agate. Chaton à biseau évasé. 5,9 × 19,2 × 16,2 mm.
CII, pl. XL, 85, pl. XLIV, 117.

Planche IX, 20.31

20.32 **2.7**

Buste d'homme de profil à droite.

Inscription pehlevie en écriture lapidaire de 4 à 8 h.:
(d)'[tyn?] ZY (mgw)pty
«(Dādēn), mogbed». Cette interprétation reste douteuse.

Hématite. Dactylioïde. 14 × 20,3 × 19,9 mm.
CII, pl. XLIV, 116.

Planche IX, 20.32

20.33 **5.20**

Buste d'homme, de profil à droite.
Dans le champ, à 9 h. un croissant et à 3 h. une étoile à six branches.

Inscription pehlevie en écriture lapidaire de 4 à 8 h.:
'pst'n ʿL yzd'n
«Confiance en les dieux»

Planche X, 20.33

20.34 **4.12**

Buste d'homme, de profil à droite.

Inscription pehlevie en écriture lapidaire de 7 à 8 h.:
'pst'n ʿL bwlcmtly ZY ZNH mwdly wld(t)y
«Confiance en Burz qui protège (choisit?) ce sceau»

Agate. Ellipsoïde. 15,7 × 19,8 × 15,5 mm.

Planche X, 20.34

20.35 **5.21**

Buste d'homme, de profil à droite.

Inscription pehlevie en écriture lapidaire de 4 à 8 h.:
'pst'n ʿL yzd'n
«Confiance en les dieux»

Agate. Ellipsoïde. 24,8 × 30,2 × 20,3 mm.

Planche X, 20.35

– *au dessus d'une paire d'ailes*

20.36 **3.30**

Buste d'homme, de profil à droite.
Dans le champ, à 10 h. un croissant et au-dessus une étoile à six branches.

Inscription pehlevie en écriture lapidaire de 3 à 12 h.:
mtly
«Mihr»

Calcédoine. Ellipsoïde décoré (type III). 16,3 × 19,7 × 10,9 mm.

Planche X, 20.36

20.37 **3.31**

Buste d'homme de profil à droite.

Inscription pehlevie en écriture lapidaire de 2 à 11 h.:
wyky
«Vēk» (<*vahyu-Ka)

Calcédoine. Ellipsoïde. 18 × 22,9 × 15,5 mm.
CII, pl. XLIV, 114.

Planche X, 20.37

20.38

Buste d'homme, de profil à droite.

Inscription pehlevie en écriture lapidaire de 4 à 9 h.:
La suite des caractères ne donne aucun sens.

Pierre verte translucide. Chaton convexe. 9,1 × 20,6 × 16,3 mm.

Planche X, 20.38

20.39 **5.22**

Buste d'homme, de profil à droite.

Inscription pehlevie en écriture lapidaire de 4 à 8 h.:
'pst'n ʿL yzd'n l'sty
«La confiance en les dieux est droite».

Jaspe. Dactylioïde. 15,3 × 19,3 × 15,8 mm.
CII, pl. XL, 87.

Planche X, 20.39

20.40 **3.32**

Buste d'homme de profil à droite.

Inscription pehlevie en écriture cursive de 4 à 9 h.:
d't'wḥrm[zd...
«Dād-Ohrmazd...

Agate. Dactylioïde. 17 × 23,6 × 23,6 mm.
CII, pl. XLII, 98.

Planche X, 20.40

20.41 **5.23**

Buste d'homme, de profil à droite.

Inscription pehlevie en écriture lapidaire de 3 à 9 h.:
'pst'n ʿL y
«Confiance en [les dieux]»

Pierre inhabituelle. Dactylioïde. 9,6 × 12,5 × 12,3 mm.

Planche X, 20.41

20.42 **2.8**

Buste d'homme, de profil à droite.
Dans le champ, à 8 h. un croissant et à 4 h. une étoile à six branches

Inscription pehlevie en écriture cursive de 4 à 8 h.:
m'ḥpl'dgw[šn]sp' Y mgw Y ḥwnyd'kwlḥl'n'
«Māh-Frāy-Gušnasp, mage, fils de Huniyāg-Vahrām»

Calcédoine. Dactylioïde. 14,2 × 20 × 19,5 mm.
CII, pl. XLI, 94.

Planche X, 20.42

20.43 **5.24**

Buste d'homme, de profil à droite.

Inscription pehlevie en écriture lapidaire de 4 à 8 h.:
'yb N'NMWḤWN TB ḥ'wmtlyḥy
«Que soit ..., la bonne fidélité»

Cornaline. Chaton serti dans une bague. 14 × 12 mm.
CII, pl. XLII, 97.

Planche X, 20.43

20.44 **2.9**

Buste d'homme, de profil à droite.

Inscription pehlevie en écriture lapidaire de 4 à 8 h.:
'twl'wḥrmzdy ZY mgw
«Ādur-Ohrmazd, mage»

Cornaline-agate. Chaton à double biseau. 3,7 × 16,3 × 13,8 mm.
CII, pl. XLI. 96.

Planche X, 20.44

20.45 **5.25**

Buste d'homme de profil à droite.

Inscription pehlevie en écriture lapidaire de 4 à 8 h.:
l'styḥy p'[lsw]my
«La droiture est parfaite»

Cornaline. Chaton serti dans une bague. 21,2 × 13,5 mm.
CII, pl. XLIII, 111.

Planche X, 20.45

20.46 (F ?) **6.19**

Buste d'homme, de profil à droite.

Dans le champ, à 9 et à 3 h.(?) un croissant.
Inscription incompréhensible:
à droite: *šnsp*?
à gauche: '*n* +...

Jaspe. Dactylioïde. 16,3 × 21,8 × 20,9 mm.

Planche X, 20.46

20.47 **5.26**

Buste d'homme, de profil à droite.

Inscription pehlevie en écriture lapidaire de 4 à 8 h.:
'pst'n ʿL yzd'n
«Confiance en les dieux».

Agate (brulée). Dactylioïde. 10,5 × 13 × 10,5 mm.
CII, pl. XLIV, 120.

Planche X, 20.47

20.48 **3.33**

Buste d'homme, de profil à droite.

Inscription pehlevie en écriture lapidaire de 4 à 9 h.:
'wšḫwt'dy
«Ōš-Xvadāy»

Cornaline. Chaton serti dans bague. 10,5 × 8,5 mm.
CII, pl. XLIII, 105.

Planche X, 20.48

20.49 **3.34**

Buste d'homme, imberbe, de profil à droite.

Inscription pehlevie en écriture lapidaire de 4 à 9 h.:
wr'cpwḫly
«Varāz-puhr»

Cornaline. Cabochon à biseau resserré (un peu irrégulier). 5,2 × 16,8 × 11,3 mm.
CII, pl. XLIV, 121.

Planche X, 20.49

20.50

Buste d'homme, de profil à droite.

Dans le champ à gauche un arbre et à droite un oiseau à longues pattes.

Agate. Cabochon biconvexe à bord droit. 3,1 × 10,5 × 9,4 mm.

Planche X, 20.50

20.51 **3.35**

Buste d'homme, de profil à droite.

Inscription pehlevie en écriture cursive de 3 à 8 h.:
b[wl]cwy (Y) b...yn['n]
«Burzōy, fils de ...»

Cornaline. Cabochon serti dans une bague. 14,7 × 14,2 mm.
CII, pl. XLIII, 110.

Planche X, 20.51

20.52 **3.36**

Buste d'homme, de profil à droite.

Inscription pehlevie en écriture lapidaire de 4 à 10 h. en positif et avec inversion de certaines lettres:
m'lspndy (m,l,n, sont gravés à l'envers)
«Māraspand»

Agate. Sceau conoïde. 15,2 × 18,5 mm.
CII, pl. XLIV, 115.

Planche X, 20.52

20.53 **2.10**

Buste d'homme, de profil à droite.

Inscription pehlevie en écriture lapidaire de 3 à 9 h.:
yzd'nd't mgw
«Yazdān-dād, mage»

Cornaline. Chaton (convexe?). 3,2 × 11,5 × 10 mm.
CII, pl. XLI, 93.

Planche X, 20.53

coiffure : couronne

20.54 (F?)

Il s'agit certainement d'un faux. Planche XI, 20.54

coiffure : tiare

20.55 (F?)

Buste d'homme de profil à droite.

Pierre noire(?). Dactylioïde. 19 × 27 × 26,7 mm.

Planche XI, 20.55

20.56 **3.37**

Buste d'homme, de profil à droite.

Inscription pehlevie en écriture cursive de 4 à 8 h.:
b[wl]c['...] [Y] m['ḥ]'twr'gw[šnsp]'n
«Burz-..., fils de Māh-Ādur-Gušnasp»

Agate. Dactylioïde. 15 × 20,5 × 20,5 mm.
CII, pl. XLII, 99.

Planche XI, 20.56

20.57 **2.11**

Buste d'homme de profil à droite.

Inscription pehlevie en écriture cursive de 3 à 8 h.:
(k)rtyl Y mgw Y mgwwyḥn
«Kirdīr, mage, fils de Mogvēh» (la lecture du nom propre reste très douteuse)

Cornaline(?) brûlée. Dactylioïde. 15,2 × 19,2 × 19,2 mm.
CII, pl. XLII, 103.

Planche XI, 20.57

20.58 **3.38**

Buste d'homme, de profil à droite.
Dans le champ, à 9 h. un croissant et à 3 h. une étoile à six branches.

Inscription pehlevie en écriture cursive de 4 à 8 h.:
m'ḥgwšnsp' Y gwšnsp'n
«Māh-Gušnasp, fils de Gušnasp»

Calcédoine. Dactylioïde. 17,2 × 23 × 22,8 mm.
CII, pl. XLII, 101.

Planche XI, 20.58

20.59 **3.39**

Buste d'homme, de profil à droite.

Inscription pehlevie en écriture cursive de 4 à 2 h.:
n'mwy
«Nāmōy»

Agate. Dactylioïde. 14,7 × 21 × 21 mm.
CII, pl. XLII, 100.

Planche XI, 20.59

20.60 **2.12**

Buste d'homme, de profil à droite.
Dans le champ, à 10 h. un croissant et à 4 h. une étoile à six branches.

Inscription pehlevie en écriture cursive de 2 à 2 h.:
'twrplnbg Y mgw Y wḥwsl'n
«Ādur-Farrbay, mage, fils de Veh-sar? (<*vahu-sara-)»

Calcédoine. Dactylioïde. 17,5 × 23,6 × 23,6 mm.

Planche XI, 20.60

20.61 **2.13**

Buste d'homme de profil à droite.

Inscription pehlevie en écriture cursive de 4 à 8 h.:
d'tplḥw' Y mgw Y s[sn?]'n
«Dād-Farrox, mage, fils de (Sāsān)»

Calcédoine. Dactylioïde. 14,9 × 20 × 20 mm.
CII, pl. XLII, 102.

Planche XI, 20.61

20.62

Buste d'homme, de profil à droite.
Dans le champ à 10 h. un croissant et à 2 h. une étoile à huit branches.

Bord de perles de 4 à 8 h.

Jaspe. Dactylioïde. 18,1 × 23,5 × 23,5 mm.

Planche XI, 20.62

20.63

Buste d'homme, de profil à droite.
Bord de larges traits de 5 à 8 h.

Agate. Ellipsoïde. 23,4 × 28,1 × 17,3 mm.

Planche XI, 20.63

20.64 **2.14**

Buste d'homme, de profil à droite.

Inscription pehlevie en écriture cursive de 5 à 5 h.:
wyḥgwšnspd't Y mgw Y bgy['t]wrplnbg

«Veh-Gušnasp-dād, mage, fils de Bay-Ādur-Farrbay (le début semble devoir se lire wyḥy, erreur sans doute)

Agate. Dactylioïde segmentaire. 10 × 14,8 × 14,8 mm.
CII, pl. XLI, 91.

Planche XI, 20.64

20.65 **5.27**

Buste d'homme, de profil à droite.

Inscription pehlevie en écriture lapidaire(?) de 4 à 8 h.:
YWM TB
«Bon jour!»

Jaspe vert. Dactylioïde. 9,7 × 13,3 × 12,9 mm.
CII, pl. XLIII, 106.

Planche XI, 20.65

20.66

Buste d'homme, de profil à droite.
Quelques larges traits sur le bord.

Cornaline. Dactylioïde. 6,6 × 8,8 × 8,3 mm.

Planche XI, 20.66

20.67 **6.20**

Buste d'homme, de profil à droite.

Caractères pehlevis sans signification (peut-être pn'ḥy?)

Calcédoine. Dactylioïde. 19,2 × 23 × 19,8 mm.
CII, pl. XLIII, 107.

Planche XI, 20.67

20.68 **6.21**

Buste d'homme, de profil à droite.

Inscription pehlevie en écriture lapidaire en positif de 3 à 9 h.:
Lettres très mal gravées et en positif:
'sp...? à droite
l'sty? à gauche

Jaspe (variété inhabituelle!). Dactylioïde. 11,5 × 15,2 × 13,9 mm.
CII, pl. XLIII, 109.

Planche XI, 20.68

20.69 **6.22**

Buste d'homme, de profil à droite.
Dans le champ, à 9 h. un croissant et à 3 h. une étoile à six branches.

Inscription pehlevie en écriture lapidaire(?):
lettres sans signification: 'y...

Cornaline. Dactylioïde. 11 × 14,9 × 14,3 mm.
CII, pl. XLIII, 112.

Planche XI, 20.69

20.70 **5.28**

Buste d'homme, de profil à droite.

Inscription pehlevie en écriture cursive en positif de 3 à 9 h.:
'pst'n
«Confiance»

Jaspe. Dactylioïde. 9,3 × 12,8 × 12,2 mm.
CII, pl. XLIV, 118.

Planche XI, 20.70

— bustes de face

20.71 **5.29**

Buste d'homme de face.

Inscription pehlevie en écriture lapidaire de 5 à 9 h.
lwb'nt 'yd't 'yw YḤWWNt
«Que ton âme soit commémorée!»

Agate. Ellipsoïde. 20,3 × 24,4 × 17,1 mm.

Planche XII, 20.71

20.72 **5.30**

Buste d'homme de face.

Inscription pehlevie en écriture lapidaire de 4 à 8 h.:
'pst'n ʿL yzd'n
«Confiance en les dieux»

Jaspe vert. Dactylioïde. 10,6 × 13,6 × 13,4 mm.

Planche XII, 20.72

20.73 **3.40**

Buste d'homme imberbe de face.

Inscription pehlevie en écriture lapidaire de 4 à 10 h.:
[wšt' ?] sp['n] [ZY] ḥwm'twl'[n]
«(Vištāspān), fils de Hōm-Ādur»

Jaspe fleuri. Dactylioïde. 18 × 23 × 19,6 mm.

Planche XII, 20.73

20.74 **2.15**

Buste d'homme imberbe de face.

Inscription pehlevie en écriture lapidaire de 4 à 8 h.:
bwcyty ZY mgw l's (pour l'sty)
«Bōzīd, mage; droit»

Jaspe. Dactylioïde. 13 × 16,8 × 14 mm.
CII, pl. XL, 83.

Planche XII, 20.74

20.75 **4.13**

Buste d'homme de face.

Inscription pehlevie en écriture lapidaire de 4 à 8 h.:
wnzn'dy l'st[y]
«... nāy; droit»

Jaspe fleuri. Dactylioïde. 15 × 19,4 × 16,5 mm.

Planche XII, 20.75.

20.76 **4.14**

Buste d'homme imberbe de face.
Dans le champ à 9 h. une croix et à 3 h. un croissant.

Inscription pehlevie en écriture lapidaire de 4 à 8 h.:
ywšy ZY l'sty
«J̌ōš (?); droit» ⟨**yaoša*-?

Calcédoine. Dactylioïde. 11,9 × 14,9 × 13,3 mm.

CII, pl. XL, 82.

Planche XII, 20.76

20.77 **2.16**

Buste d'homme de face au-dessus d'une paire d'ailes.

Inscription pehlevie en écriture cursive de 2 à 8 h.:
š't Y mgw Y gw[...?]k'
«Šād, mage, fils de G...»

Calcédoine. Dactylioïde. 12,6 × 17,6 × 17,6 mm.

Planche XII, 20.77.

20.78 **2.17**

Buste d'homme de face.
Dans le champ à 2 h, une étoile à six branches.

Deux inscriptions pehlevies en écriture cursive différentes, semble-t-il, en raison de la taille des signes:
à gauche, à 10 h. m[lt?]
à droite, en positif, de 3 à 1 h.: mgw Y 'pzw[n']
«Mard — mage; croissance».

Agate. Dactylioïde. 14 × 19,1 × 19 mm.

Planche XII, 20.78

Compositions avec tête ou buste humain

20.79 **4.15**

Buste d'homme de face au-dessus d'un autel du feu(?) ou éléments de mobilier.
Dans le champ, à 8 h. un croissant et à 5 h. une étoile à six branches.

Inscription pehlevie en écriture lapidaire de 5 à 7 h.:
'twryslwky NPŠH l'st
«Propriété de Ādur-Seluk; droit (Slwky représente apparemment grec Seleukos) (ou Ādur fils de S.)»

Cornaline. Chaton à biseau resserré. 4,2 × 17,2 × 17,2 mm.

Planche XII, 20.79

20.80 **5.31**

Buste d'homme de profil à droite. Des deux épaules sortent deux têtes d'homme.

Inscription pehlevie en écriture lapidaire de 2 à 10 h.:
'pzyn (pour 'pzwn)
«Croissance»

Métal. Dactylioïde segmentaire. 12 × 18,8 × 17,4 mm.
CII, pl. XL, 84.

Planche XII, 20.80

20.81 **5.32**

Tête d'homme de profil à droite, posé sur un «masque» de bœuf.

Inscription pehlevie en écriture lapidaire de 5 à 7 h.
'pst (L)(yz)d'n (inscr. incomplète)
«Confiance en les dieux»

Cornaline. Cabochon plan. 4 × 10,2 × 7,8 mm.

Planche XII, 20.81

20.82

Tête d'homme placée comme quatrième élément d'une «roue» composée respectivement d'une tête de bélier, de cerf et d'antilope.
Dans le champ à 10, 2, 4 et 8 h. une étoile à six branches.

Cornaline. Ellipsoïde. 13,4 × 17,9 × 12,6 mm. Sans reproduction

20.83

Tête de femme(?) de profil à droite au-dessus de l'arrière-train d'un bélier couché de profil à droite.
Dans le champ à 5 h. une croix.

Inscription bactrienne(?).

Grenat almandin. Cabochon plan. 4,4 × 14,2 × 9,2 mm.

Planche XII, 20.83

22. BUSTE HUMAIN «AGISSANT» ENVERS AUTRE BUSTE HUMAIN

22.1

Buste de femme à gauche et d'homme à droite se faisant face.

Agate. Ellipsoïde annulaire. 19,2 × 25,2 × 18,7 mm.

Planche XII, 22.1

22.2 **4.16**

Buste de femme à gauche et d'homme à droite se faisant face.
Entre eux, un arbre à trois branches.

Inscription pehlevie en écriture lapidaire de 10 à 2 h.:
bwḥtlwb'nwlḥl['n ḥw]mtly
«Bōxt-ruvān-Vahrām; fidèle»

Jaspe fleuri. Dactylioïde. 20,9 × 17 × 15,2 mm.
CII, pl. XL, 80.

Planche XII, 22.2

22.3 **6.23**

Buste de femme à gauche et d'homme à droite tenant respectivement dans la main droite et la main gauche un anneau à bandelettes.
Dans le champ à 3 h. une croix.
Tout autour un bord «fleuri».
Entre les têtes des personnages, une inscription pehlevie de haut en bas, en écriture lapidaire:
bp (ou bk?)

Calcédoine-sardoine. Ellipsoïde décoré (type II). 20,5 × 26 × 16,1 mm.

Planche XII, 22.3

22.4 **5.33**

Buste d'homme à gauche de face et buste d'homme à droite de profil à gauche.
Dans le champ entre les deux personnages une étoile à six branches.

Inscription pehlevie en écriture lapidaire(?) de 7 à 11 h.:

YWM ŠPYR (-ŠP- a été placé après -YR- très mal écrit!)
«Fortuné»

Jaspe. Chaton à biseau évasé. 6,6 × 14,3 × 14,3 mm.
CII, pl. XL, 79.

Planche XII, 22.4

22.5 (F?) **6.24**

Buste d'homme à gauche de profil à droite et à droite buste d'homme de face. Dans le champ entre les deux personnages une étoile à six branches.

Inscription pehlevie en écriture cursive:

Série de signes incompréhensibles

Agate (d'aspect inhabituel). Dactylioïde. 14,7 × 18,5 × 18,5 mm.

Planche XII, 22.5

23. BUSTE HUMAIN ENGAGÉ DANS UNE «ACTION» AVEC UN ANIMAL

23.1 **3.41**

Tête d'homme de profil à droite au milieu de trois oiseaux, un en bas et les deux autres debout les ailes déployées.

Inscription pehlevie en écriture lapidaire de 1 à 11 h.:

'wcyny
«Ōzēn» (<*aoǰah-aina-)

Serpentine? Chaton à biseau resserré. 2,8 × 16,3 × 13,7 mm.

Planche XII, 23.1

30. ANIMAUX

A. *Sujet unique*

1. *Quadrupèdes*

a. Lagomorphes : souris

30.1

Souris de profil à droite, semblant manger(?) une chose indéfinissable.
Dans le champ, en haut, une étoile à six branches et un croissant.

Agate. Ellipsoïde. 12,7 × 14,6 × 10 mm.

Planche XIII, 30.1

30.2

Souris de profil à droite, sur un «chariot» tiré par deux souris, superposées, de profil à droite.

Cornaline. Ellipsoïde. 14,4 × 17,6 × 8 mm.

Planche XIII, 30.2

30.3

Souris de profil à droite, sur un «chariot» tiré par deux souris superposées, de profil à droite.

Agate. Ellipsoïde. 13,8 × 16 × 10,7 mm.

Planche XIII, 30.3

30.4 **5.34**

Souris de profil à droite, sur un «chariot» tiré par deux souris superposées, de profil à droite.

Inscription pehlevie en écriture lapidaire de 2 à 11 h. :

l'sty
«droit»

Cornaline. Ellipsoïde. 16,7 × 19,6 × 11 mm.

Planche XIII, 30.4

30.5 **3.42**

Souris de profil à droite, sur un chariot traîné par un attelage éployé de souris(?).

Inscription pehlevie en écriture cursive de 3 à 11 h.:
mtrʾʾ[n?]
«Mihrān»

Cornaline-agate. Dactylioïde. 8,2 × 12,6 × 12,6 mm.
CII, pl. LIV, 205.

Planche XIII, 30.5

b. Canidés

30.6 **3.43**

Canidé passant de profil à droite; un cercle devant la tête?

Inscription pehlevie en écriture lapidaire de 1 à 10 h.:
mtly (l écrit à l'envers et couché)
«Mihr»

Agate. Ellipsoïde. 14,4 × 16,8 × 10,9 mm.

Planche XIII, 30.6

c. Ours

30.7 **3.44**

Ours passant, de profil à droite.

Inscription pehlevie en écriture lapidaire de 1 à 11 h.:
py⟨l⟩wcy
«Pērōz»

Cornaline. Chaton serti dans bague. 14,4 × 11,8 mm.
CII, pl. LIII, 197.

Planche XIII, 30.7

30.8 **2.18**

Ours passant de profil à droite. Au-dessus, un petit canidé sautant.

Inscription pehlevie en écriture lapidaire de 4 à 6 h.:
plḥwd't ZY mgw ZY bwr'ts(l)m'n
«Farrox-dād, mage, fils de Bōrād-(sarm)»

Agate. Dactylioïde. 13,9 × 19,3 × 19,3 mm.

Planche XIII, 30.8

d. Félidés

30.9

Lion couché, de profil à droite, la tête de face. Dans le champ, derrière lui, un arbre à cinq branches et en haut, un croissant, un monogramme de composition asymétrique et une étoile à huit branches.

Agate. Dactylioïde. 25,5 × 35,9 × 34,3 mm.

Planche XIII, 30.9

30.10 **3.45**

Lion couché, de profil à droite, la tête de face. Dans le champ, à gauche, un croissant.

Inscription pehlevie en écriture cursive de 12 à 9 h.:
mtrcyn'
«Mihrizēn» (<*miθr-iča-ina-)

Calcédoine. Dactylioïde. 14,9 × 19,7 × 19,4 mm.
CII, pl. LII, 188.

Planche XIII, 30.10

30.11 **2.19**

Lion couché, de profil à droite, la tête de face.

Inscription pehlevie en écriture cursive de 1 à 4 h.:
p'ḥnsl Y mgw Y wḥ't'n
«Pahn-sar, mage, fils de Vehād»

Agate. Dactylioïde. 16,8 × 21,3 × 21,5 mm.
CII, pl. LIII, 196.

Planche XIII, 30.11

30.12 **3.46**

Lion couché, de profil à droite, la tête de face. Derrière lui, un arbre à trois branches.

Inscription pehlevie en écriture cursive de 3 à 9 h.:
s(sn)mtryn Y wlḥl'n'n
«Sāsān-Mihrēn, fils de Vahrām»

Calcédoine. Dactylioïde (± forme conique). 17 × 20,2 × 21,4 mm.

Planche XIII, 30.12

30.13 **2.20**

Lion couché, de profil à droite, la tête de face. Dans le champ, en haut à gauche, un croissant, et à droite en bas, une étoile à six branches.

Inscription pehlevie en écriture cursive de 2 à 4 h.:
štrp Y mgw Y wyḥd't'n
«Šahrab, mage, fils de Veh-dād»

Agate. Dactylioïde. 14 × 19 × 19 mm.
CII, pl. LIII, 195.

Planche XIII, 30.13

30.14 **2.21**

Lion couché, de profil à droite, la tête de face.

Inscription pehlevie en écriture cursive de 12 à 9 et de 7 à 4 h.:
gwb'l'n Y '(z't)'
«Gōvārān, (le noble)»

Agate. Dactylioïde. 11,3 × 15,7 × 15,4 mm.

Planche XIII, 30.14

30.15

Lion couché, de profil à droite, la tête de face. Dans le champ, en haut à gauche, un scorpion.

Bronze. Ellipsoïde. 15,4 × 16,2 × 13,7 mm.

Planche XIII, 30.15

30.16

Lion couché, de profil à droite, la tête de face. Dans le champ, en haut à gauche, un scorpion.

Grenat almandin. Chaton à biseau resserré. 2,5 × 10,9 × 9,9 mm.

Planche XIII, 30.16

30.17 **5.35**

Lion assis, de profil à droite, la tête de profil. Dans le champ, à droite en bas, une étoile à six branches.

Inscription pehlevie en écriture cursive de 12 à 8 h.:
l'sty
«Droit»

Lapis-lazuli. Dactylioïde. 10,8 × 14,4 × 13,4 mm.
CII, pl. LII, 193.

Planche XIII, 30.17

30.18 **3.123**

Lion passant à droite.

Inscription pehlevie en écriture lapidaire de 3 h. à 11 h.:
twḥmyn
«Tōhmēn»

CII, pl. LIII, 194.

Planche XIII, 30.18

30.19

Lion passant, de profil à droite. Dans le champ, en haut, à gauche, une étoile à six branches, et à droite, un croissant.

Agate. Ellipsoïde décoré (type II). 14,3 × 19,3 × 12,5 mm.

Planche XIII, 30.19

30.20

«Tigre» passant à droite. Dans le champ, en haut, un scorpion à gauche.

Jaspe vert. Dactylioïde. 11,6 × 14,8 × 13,8 mm.

Planche XIII, 30.20

30.21

«Tigre» passant de profil à droite. Sur le pourtour, une décoration d'une ligne doublée par des traits plus ou moins perpendiculaires.

Agate. Dactylioïde. 18,4 × 24,7 × 22,7 mm.

Planche XIII, 30.21

e. Suidés

30.22 **3.47**

Suidé, passant de profil à droite.

Inscription pehlevie en écriture lapidaire de 2 à 11 h., et de 7 à 5 h.:
wylnwt'twrprnbg
«Vīr-Nōd-Ādur-Farrbay»

Agate. Dactylioïde. 10,4 × 13,9 × 13,7 mm.
CII, pl. LIV, 204.

Planche XIV, 30.22

f. Éléphants

30.23 **3.48**

Éléphant passant, de profil à droite. Dans le champ, en haut, une étoile à huit branches et un croissant.

Inscription pehlevie en écriture lapidaire de 3 à 9 h.:
bwlcmtlgwšnspy
«Burz-Mihr-Gušnasp»

Agate (brûlé). Dactylioïde. 17,9 × 25,3 × 23,5 mm.
CII, pl. LIII, 199.

Planche XIV, 30.23

30.24 **3.49**

Éléphant passant, de profil à droite.

Inscription pehlevie en écriture lapidaire de 12 à 4 h.:
ḥrtwyḥ ZY nrsḥ'n
«Xrad-veh, fils de Narseh»

Agate. Ellipsoïde. 20,4 × 25 × 16,4 mm.
CII, pl. LIII, 198.

Planche XIV, 30.24

30.25 **5.36**

Éléphant passant de profil à droite.

Inscription pehlevie en écriture cursive de 1 à 11 h.:
plḥwy
«fortuné» (ou n.pr.?)

Cristal de roche. Forme de cabochon profond irrégulier. 8 × 12,7 × 12,2 mm.

Planche XIV, 30.25

g. Chevaux

30.26 **3.50**

Cheval galopant, de profil à droite. Dans le champ, en haut, une étoile à huit branches. L'intaille a été cassée, ce qui rend difficile la lecture de l'inscription pehlevie en écriture lapidaire de 12 à 1 h.:

p'pyny 'pyš(w)d'n
«Pābēn, fils de Abēšōy (?)»

Agate-cornaline. Chaton à double biseau(b). 3,5 × 15 × 11,3 mm.

Planche XIV, 30.26

30.27 **3.51**

Cheval passant de profil à droite. Il est complètement harnaché.

Inscription pehlevie en écriture lapidaire de 12 à 10 h.:
prnbg
«Farrbay»

Calcédoine (brûlée). Ellipsoïde décoré (type II). 17,1 × 21,8 × 16 mm.

Planche XIV, 30.27

30.28

Cheval de profil à droite.

Calcédoine. Ellipsoïde. 21,7 × 26,1 × 19,5 mm.

Planche XIV, 30.28

h. Chameaux

30.29 **2.22**

Chameau passant de profil à droite. La queue est traitée en «branche». Dans le champ, à droite, un croissant.

Inscription pehlevie en écriture cursive de 12 à 2 h.:
'twr'ltk' Y mgw Y d't'wḥrmzd'n
«Ādur-Ardag, mage, fils de Dād-Ohrmazd»

Calcédoine. Dactylioïde. 15,3 × 20,4 × 20,4 mm.
CII, pl. LI, 182.

Planche XIV, 30.29

30.30 **4.17**

Chameau, passant de profil à droite. La queue traitée en «branche». Dans le champ, en haut, un croissant.

Inscription pehlevie en écriture cursive particulière de 1 à 2 h.:
wlḥl'n [l'n?] Y 'pst'n ʿL yzd'n
«Vahrām(?)... confiance en les dieux»

Agate. Dactylioïde. 20,5 × 26,3 × 22,9 mm.
CII, pl. LI, 183.

Planche XIV, 30.30

30.31 **6.25**

Chameau passant, de profil à droite. La queue traitée en «branche». Dans le champ, à droite, un croissant et une étoile à huit branches.

Inscription pehlevie en écriture lapidaire de 12 à 4 h.:
«(ŠRM) bwḥt?...»

Calcédoine. Conoïde perforé. 17,6 × 22 × 21,8 mm.

Planche XIV, 30.31.

30.32 **3.52**

Chameau passant de profil à droite.

Inscription pehlevie en écriture cursive de 5 à 7 h.:
'twrp't Y 'twrp't'n
«Ādur-bād, fils d'Ādur-bād»

Agate. Dactylioïde. 12 × 15,3 × 14,4 mm.
CII, pl. LI, 184.

Planche XIV, 30.32

30.33 **3.53**

Chameau passant de profil à droite.

Inscription pehlevie en écriture cursive de 4 à 11 h.:
w'spwḥl
«Vāspuhr»

Calcédoine. Dactylioïde. 8,3 × 11,7 × 11 mm.
CII, pl. LI, 180.

Planche XIV, 30.33

30.34 **3.54**

Chameau passant, de profil à droite. La queue traitée en «branche».

Inscription pehlevie en écriture cursive de 1 à 10 h.:
pws'nwš
«Pus-anōš»

Agate. Dactylioïde. 11,1 × 14,3 × 14,3 mm.

Planche XIV, 30.34

30.35

Chameau passant de profil à droite. La queue traitée en «branche».
Dans le champ, en haut à gauche, une étoile à six branches.

Jaspe vert. Dactylioïde. 8,7 × 12,3 × 11,7 mm.

Planche XIV, 30.35

i. Cervidés

30.36 **5.37**

Cervidé couché, de profil à droite.

Inscription pehlevie en écriture lapidaire de 5 à 1 h.:
l'sty
«Droit»

Agate (brûlée). Ellipsoïde. 16,8 × 20,1 × 12,4 mm.

Planche XIV, 30.36

30.37 **3.55**

Cervidé couché, de profil à droite. Dans le champ, à gauche, une étoile à six branches, à droite, un croissant.

Inscription pehlevie en écriture cursive de 8 à 5 h.:
gwštsp (*p* écrit faussement *t*)
«Guštasp»

Calcédoine. Dactylioïde. 11,7 × 15,4 × 15,2 mm.

Planche XIV, 30.37

30.38

Cervidé couché, de profil à droite. Dans le champ, devant lui, une plante à trois éléments.

Grenat. Cabochon serti dans une bague. ? × 11,7 × 9,8 mm.

Planche XIV, 30.38

30.39

Cervidé couché, de profil à droite.

Agate. Dactylioïde. 18,4 × 25 × 19,5 mm.

Planche XIV, 30.39

30.40 **5.38**

Cervidé couché à droite, la tête retournée à gauche et les cornes de face. Autour du cou, un collier à bandelettes.

Inscription pehlevie en écriture lapidaire de 11 à 6 h.:
ŠRM
«Paix»

Agate. Dactylioïde. 9,5 × 12,6 × 12,6 mm.

Planche XV, 30.40

30.41 **2.23**

Cervidé passant à droite. Sur le pourtour, une décoration de perles.

Inscription pehlevie en écriture cursive de 4 à 8 h.:
mltbwt' Y mgw Y 'twrp't'n
«Mard-būd, mage, fils d'Ādurbād»

Calcédoine. Dactylioïde. 13,6 × 19,7 × 19,7 mm.
CII, pl. LI, 177.

Planche XV, 30.41

30.42

Cervidé de profil à droite.

Agate. Ellipsoïde décoré (type II). 18,7 × 22,4 × 17,8 mm.

Planche XV, 30.42

30.43

Cervidé passant, de profil à droite.

Calcédoine. Dactylioïde. 10,2 × 13,7 × 13,7 mm.

Planche XV, 30.43

30.44 **4.18**

Cervidé(?) dans position particulière: de profil à droite, retournant la tête à gauche, touchant du muffle sa patte arrière droite levée.

Inscription pehlevie en écriture lapidaire de 12 à 2 h.:

wlynky ZY wlsn'n 'pst'n 'L yzd'n
«Varēnag, fils de Varsan; confiance en les dieux»
(<*varsana, ou *varsina? Cf. *OP* 8.996: *varsaka)

Cornaline. Ellipsoïde. 17,8 × 22,6 × 15,6 mm.

Planche XV, 30.44

j. Bovidés: bovins: bœufs à bosse

30.45

Bœuf à bosse couché à droite.

Calcédoine. Ellipsoïde décoré (varia VII). 18,6 × 22,8 × 16,2 mm.

Planche XV, 30.45

30.46 **5.39**

Bœuf à bosse couché à droite. Dans le champ, en haut à gauche, un croissant.

Inscription pehlevie en écriture lapidaire de 6 à 9 h.:
l'styḥy p'lswmy
«La droiture (est) excellente»

Calcédoine (partiellement brûlée). Ellipsoïde décoré (Type I 2). 12 × 14,6 × 12 mm.
CII, pl. XLIX, 162.

Planche XV, 30.46

30.47 **5.40**

Bœuf à bosse couché à droite.

Inscription pehlevie en écriture lapidaire de 5 à 9 h.:
'pst'n 'L yzd'n
«Confiance en les dieux»

Cornaline. Ellipsoïde. 19,4 × 11,5 × 16,3 mm.
CII, pl. XLIX, 161.

Planche XV, 30.47

30.48 **2.24**

Bœuf à bosse couché à droite.

Inscription pehlevie en écriture cursive de 6 à 6 h.:
mltbwt' Y mgw Y 'twr'wḥrmzd'n
«Mard-būd, mage, fils de Ādur-Ohrmazd»

Agate. Dactylioïde. 10,2 × 13,3 × 13,3 mm.
CII, pl. XLIX, 164.

Planche XV, 30.48

30.49 **3.56**

Bœuf à bosse couché à droite.

Inscription pehlevie en écriture cursive de 1 à 4 h.:
dwḥt'mlt
«Duxt-mard»

Agate. Dactylioïde. 8,5 × 11,2 × 9,9 mm.

Planche XV, 30.49

30.50 **3.57**

Bœuf à bosse, couché à droite.

Inscription pehlevie en écriture lapidaire (gravée en positif) de 1 à 9 h.:
m'ḥyz(d)y
«Māh-Yazad»

Agate. Dactylioïde segmentaire. 8,2 × 13,8 × 13,8 mm.

Planche XV, 30.50

30.51

Bœuf à bosse, de profil à droite. Dans le champ, en haut, à gauche, un insigne, et à droite, un monogramme, et en bas à droite, un insigne cruciforme ou une plante?

Cornaline. Ellipsoïde décoré (type II). 19,6 × 24,3 × 18,5 mm.

Planche XV, 30.51

30.52

Bœuf à bosse, de profil à droite.

Cornaline-agate. Ellipsoïde. 20,4 × 25,8 × 17,5 mm.

Planche XV, 30.52

30.53 **6.26**

Bœuf à bosse, de profil à droite.

Inscription pehlevie en écriture lapidaire de 4 à 9 h.:
Suite de lettres sans signification apparente
(ou combinaison de signes valant *'pst'n 'L yzd'n?*)

Lapis-lazuli. Dactylioïde 13,3 × 16,9 × 13,6 mm.
CII, pl. XLIX, 165.

Planche XV, 30.53

30.54

Bœuf à bosse, de profil à droite.

Calcédoine. Ellipsoïde attaché à un anneau. 12,7 × 14,2 × 9,4 mm.

Planche XV, 30.54

30.55 **3.58**

Bœuf à bosse, de profil à droite.

Inscription pehlevie en écriture cursive de 2 à 9 h.:
phld't
«Pahr-dād»

Calcédoine. Dactylioïde. 10,6 × 14 × 13,7 mm.
CII, pl. L, 169.

Planche XV, 30.55

30.56 **5.41**

Bœuf à bosse, passant à droite.

Inscription pehlevie en écriture cursive de 5 à 8 h.:
'pst'n 'L y
«Confiance en ⟨les dieux?⟩»

Agate. Ellipsoïde. 16,5 × 18,9 × 11,4 mm.
CII, pl. XLIX, 166.

Planche XV, 30.56

30.57 **2.25**

Bœuf à bosse, passant à droite.

Inscription pehlevie en écriture lapidaire de 7 à 9 h.:
'wḥrmzd m[gw ']twlbwndk[?]'n
«Ohrmazd, mage, fils de Ādur-bandag (mal écrit)»

Jaspe vert. Dactylioïde. 10,7 × 15 × 15 mm.

Planche XV, 30.57

30.58 **2.26**

Bœuf à bosse, passant à droite. Dans le champ, en haut à gauche, un croissant et en bas à droite, une étoile à six branches.

Inscription pehlevie en écriture cursive de 2 à 11 h. (volontairement effacée):
mltynwḥ Y
et de 9 à 8 h.:
mgw Y
«Mardēn-veh, mage»

Calcédoine. Dactylioïde. 12,7 × 17,3 × 17,3 mm.
CII, pl. L, 167.

Planche XV, 30.58

30.59 **5.42**

Bœuf à bosse, de profil à droite.

Inscription pehlevie en écriture lapidaire de 5 à 8 h.:
'pst'n ʿL yzd (*L* est écrit à l'envers)
«Confiance en la divinité»

Cornaline. Ellipsoïde. 13,6 × 17,7 × 13,7 mm.

Planche XV, 30.59

30.60 **5.43**

Bœuf à bosse, passant à droite. Derrière lui, un arbre à trois branches, et au-dessus de sa tête, un oiseau.

Inscription pehlevie en écriture lapidaire de 9 à 3 h.:
'pst'n ʿL yzd'n
«Confiance en les dieux»

Calcédoine. Ellipsoïde. 23,3 × 25,6 × 20,7 mm.
CII, pl. L, 168.

Planche XVI, 30.60

30.61 **2.27**

Bœuf à bosse, passant à droite.

Inscription pehlevie en écriture cursive de 1 à 2 h.:
w'lk' Y mgw Y bwlcyn'n
«Vārag, mage, fils de Burzēn»

Calcédoine. Dactylioïde. 14,3 × 17,8 × 17,2 mm.

CII, pl. XLIX, 163.

Planche XVI, 30.61

30.62 **4.19**

Bœuf(?) sautant de profil à droite, la tête de face.

Inscription pehlevie en écriture cursive de 2 à 4 h.:
phlp't plḥwyḥ 'pzwn'
«Pahr-bād, prospérité, croissance»

Cornaline. Cabochon serti dans une monture. 12 × 11 mm.

Planche XVI, 30.62

k. Ovinés

ibex

30.63 **3.59**

Ibex couché à droite.

Inscription pehlevie en écriture lapidaire de 4 à 9 h.:
mtlpty
«Mihr-bed»

Cornaline-agate. Ellipsoïde décoré (type I 1). 15 × 18 × 10 mm.

Planche XVI, 30.63

30.64 **4.20**

Ibex sautant à droite.

Inscription pehlevie en écriture lapidaire de 3 à 4 h.:
dydyny ZY zwlwn't'n' (ZY) 'pst'n ʿL yzd'n
«Dīdēm, fils de Zurvānād; confiance en les dieux»

Calcédoine. Dactylioïde. 14,2 × 18,8 × 17 mm.
CII, pl. L, 175.

Planche XVI, 30.64

béliers

30.65

Bélier couché à droite. Dans le champ, à droite, un arbuste à trois branches, et à gauche en haut une étoile à six branches et un croissant.

Calcédoine. Ellipsoïde décoré (varia VII). 23 × 28,4 × 20,7 mm.

Planche XVI, 30.65

30.66 **3.60**

Bélier couché à droite. Une bandelette semble partir d'un lien autour du cou, et à la poitrine...
Dans le champ, en haut à droite, un croissant.

Inscription pehlevie en écriture cursive de 12 à 8 h.:
wyḥgwšnsp'
«Veh-Gušnasp»

Calcédoine. Dactylioïde. 13,8 × 19,8 × 19,8 mm.
CII, pl. LI, 176.

Planche XVI, 30.66

30.67

Bélier couché à droite. Dans le champ en haut à gauche une étoile à six branches, et en bas, à droite, un croissant.

Agate. Forme exceptionnelle: perle. 14 × 12 mm.

Planche XVI, 30.67.

30.68 **3.61**

Bélier de profil à droite, le cou ceint d'une guirlande. Dans le champ, à droite, une étoile à six branches, un croissant et une sphère à gauche; en bas un croissant.

Inscription pehlevie en écriture cursive de 12 à 9 h.:
dyn'wḥrmzd
«Dēn-Ohrmazd»

Calcédoine. Dactylioïde. 14,5 × 20 × 20 mm.
CII, pl. L, 174.

Planche XVI, 30.68

30.69 **2.28**

Bélier passant à droite. Autour du cou, un lien à deux bandelettes.

Inscription pehlevie en écriture cursive de 4 à 9 h.:
mtr'twrm'ḥ mgw (suivi d'un emblème)
«Mihr-Ādur-Māh, mage»

Calcédoine. Dactylioïde. 15,3 × 19,5 × 19,5 mm.

Planche XVI, 30.69

l. Antilopinés

30.70

Antilope, couché à droite.

Calcédoine. Dactylioïde. 10 × 12,8 × 10,3 mm.

Planche XVI, 30.70

2. *Oiseaux*

a. Coqs

30.71 **2.29**

Coq passant à droite, semblant tenir dans le bec un scorpion par la queue.

Inscription pehlevie en écriture lapidaire de 1 à 3 h.:
['t]wl'wḥ[l]mzd ZY mgw ZY 'twl'wḥlmzd'n
«Ādur-Ohrmazd, mage, fils d'Ādur-Ohrmazd»

Calcédoine. Dactylioïde. 14 × 19,6 × 19 mm.
CII, pl. XLVI, 137.

Planche XVI, 30.71

30.72 **3.62**

Coq de profil à droite. Dans le champ, en haut, une étoile à six branches.

Inscription pehlevie en écriture cursive de 4 à 2 h.:
gwšnyn'
«Gušnēn»

Calcédoine. Dactylioïde. 15,6 × 21 × 20,7 mm.

Planche XVI, 30.72

30.73 **3.63**

Coq de profil à droite. Dans le champ, en haut à gauche, une étoile à six branches et un croissant.

Inscription pehlevie en écriture cursive de 5 à 2 h.:
w⟨ḥ⟩mndt' ?
«Vahman-dād» (?)

Agate. Dactylioïde. 12,1 × 16 × 15,5 mm.
CII, pl. XLVII, 140.

Planche XVI, 30.73

30.74 **3.64**

Coq de profil à droite. Dans le champ en haut, une étoile à six branches (12 h.) et à droite (3 h.) un croissant.

Inscription pehlevie en écriture cursive de 3 à 4 h.:
ḥwmkbgmʾ(y)bw[l]cmtrʹ Y [pl?]ḥwbndkʹ BRH
«Hōmag-Bay-Mā(h)-Burzmihr, fils de Farrox-Bandag»

Calcédoine. Dactylioïde. 11,8 × 15,8 × 15,5 mm.

Planche XVI, 30.74

30.75 **3.65**

Coq de profil à droite.

Inscription pehlevie en écriture cursive de 5 à 10 h.:
ʾt(l)wp[l?]ḥw
«Ādur-Farrox(?)»

Jaspe vert. Dactylioïde. 10,6 × 14,2 × 13,4 mm.

Planche XVI, 30.75

30.76

Coq de profil à droite tenant dans son bec un cercle et trois globes. Dans le champ, à 11 h., une étoile à six branches.

Sardoine. Dactylioïde. 10 × 13,5 × 13,5 mm.

Planche XVI, 30.76

30.77

Coq de profil à droite tenant dans son bec un cercle et trois globes.

Calcédoine. Dactylioïde. 10 × 14,1 × 13,6 mm.

Planche XVI, 30.77

30.78

Coq de profil à droite tenant dans son bec un scorpion par la queue.

Grenat almandin. Chaton à biseau resserré. 2 × 9,8 × 9,1 mm.

Planche XVII, 30.78

30.79

Coq tenant dans son bec une bandelette(?). Dans le champ (à 11 h.) un croissant et une étoile.

Calcédoine. Dactylioïde. 9 × 11,6 × 10,1 mm.

Planche XVII, 30.79

b. Faisans

30.80 **5.44**

Faisan de profil à droite.

Inscription pehlevie en écriture cursive de 2 à 5 h. dans le sens de l'aiguille:
'pzwn'
«Croissance»
et de 12 à 10 h.:
plhw'
«Prospère»

Grenat almandin. Cabochon plan serti dans une bague. ? × 16 × 13,6 mm.
CII, pl. XLVI, 138.

Planche XVII, 30.80

30.81 **5.88**

Faisan de profil à droite. Dans le champ, à 3 h., un croissant. Inscription pehlevie en écriture cursive de 12 h. à 10 h.:
plḥw'
«Prospère»

Planche XVII, 30.81

c. Canards

30.82 **3.66**

Canard de profil à droite. Dans le champ (à 10 h.) une étoile à six branches et à 3 h., un croissant.

Inscription pehlevie en écriture lapidaire de 2 à 7 h.:
mtrnrsḥy
«Mihr-Narseh»

Agate. Ellipsoïde. 18,3 × 22 × 14,8 mm.

Planche XVII, 30.82

30.83 **3.67**

Canard de profil à droite.

Inscription pehlevie en écriture cursive de 12 à 9 h.:
b'p (ḥwšk')
«Bāb-Xvašag»

Calcédoine. Dactylioïde. 11,4 × 15,5 × 15,5 mm.

Planche XVII, 30.83

30.84

Canard de profil à droite tenant dans le bec une branche.

Grenat almandin. Chaton à biseau resserré. 2 × 10,8 × 9,8 mm.

Planche XVII, 30.84

30.85 **3.68**

Canard de profil à droite.

Inscription pehlevie en écriture lapidaire de 4 à 11 h.:
m'dwy
«Mādōy»

Cornaline. Chaton à bord droit. 1,9 × 8,4 × 8,4 mm.
CII, pl. XLVII, 142.

Planche XVII, 30.85

30.86

Canard de profil à droite.

Agate. Ellipsoïde décoré (type I 1). 12,8 × 15,2 × 8,7 mm.

Planche XVII, 30.86

d. Paons

30.87 **3.69**

Paon de profil à droite. Autour du cou, lien à deux bandelettes.
Devant lui, dans le champ, un scorpion.

Inscription pehlevie en écriture lapidaire de 12 à 9 h.:
'pwḥrt
«Abē-xrad»

Cornaline. Chaton serti dans une bague. 10,2 × 9,3 mm.
CII, pl. XLVII, 141.

Planche XVII, 30.87

e. Pintades

30.88 **6.27**

Pintade de profil à droite. Dans le champ (à 4-3 h.) un croissant et une étoile à six branches, et un autre croissant (à 7 h.) et une étoile (à 11 h.)?

Inscription pehlevie en écriture lapidaire de 12 à 10 h.:
myḥ
et de 8 à 9 h. (en positif?):
(p'y)?

Hématite. Dactylioïde. 9,2 × 12 × 10,5 mm.

Planche XVII, 30.88

f. Grues

30.89

Grue de profil à droite.

Grenat almandin. Cabochon concave. 5 × 11 × 8,5 mm.

Planche XVII, 30.89

30.90

Grue de profil à droite, picorant.

Calcédoine. Dactylioïde. 8,6 × 13,2 × 12,8 mm.

Planche XVII, 30.90

g. Aigles

30.91 **3.122**

Aigle de face, la tête à droite.

Inscription pehlevie en écriture lapidaire de 4 h. à 12 h.:
p'pwsy
«Pābōs»

CII, pl. XLVI, 133.

Planche XVII, 30.91

30.92 **5.45**

Aigle de profil à droite, corps de face, les deux ailes de part et d'autre du corps.

Inscription pehlevie en écriture lapidaire de 5 à 2 h.:

l'sty
«Droit»

Hématite. Dactylioïde. 10,9 × 15,8 × 14,8 mm.
CII, pl. XLVI, 134.

Planche XVII, 30.92

30.93

Aigle de profil à droite.

Fritte. Ellipsoïde décoré (varia VII). 20,3 × 23,7 × 15,8 mm.

Planche XVII, 30.93

3. *Autres animaux*

Scorpions

30.94 **5.46**

Scorpion, la queue à droite. Dans le champ, à 8 h., un croissant et à 1 h. (entre la fin et le début de l'inscription) une étoile à huit branches. Tout autour une couronne de traits.

Inscription pehlevie en écriture lapidaire de 12 à 2 h.:

mtr'twlwšnspy lwb'n ḤZYTN
«Regarde l'âme de Mihr-Ādur-Višnasp!»

Agate. Dactylioïde. 19,2 × 23 × 21,7 mm.
CII, pl. LIII, 202.

Planche XVII, 30.94

30.95

Scorpion, la queue à gauche. Tout autour une couronne de traits.

Hématite. Ellipsoïde décoré (type I). 15,7 × 20,6 × 14,8 mm.

Planche XVII, 30.95

B. *Sujets multiples*

α. *Deux sujets*

1. *Quadrupèdes*

a. *Rongeurs*

30.96

Deux rongeurs(?) dressés se faisant face. Entre eux un élément floral.

Agate. Ellipsoïde. 19,3 × 23,4 × 19 mm.

Planche XVII, 30.96

b. *Équidés*

30.97 **5.47**

Deux chevaux se faisant face, une patte antérieure levée.

Inscription pehlevie en écriture cursive de 10 à 2 h. (gravée en positif):
'pst'n
«Confiance»

Jaspe vert. Dactylioïde. 10,8 × 15,1 × 14,6 mm.
CII, pl. XLVIII, 157.

Planche XVII, 30.97

30.98

Deux chevaux se faisant face, celui de gauche le cou et la tête baissés semblant boire, celui de droite la patte antérieure levée. Dans le champ, à 11 h., une étoile à six branches. Sur le pourtour supérieur quelques larges traits.

Agate. Dactylioïde (12,8 ×)17,7 × 16,4 mm.

Planche XVII, 30.98

c. *Cervidés et bovidés*

30.99

Cerf de profil à gauche et ibex de profil à droite de part et d'autre d'un arbre. Dans le champ, à 11 h., un croissant et une étoile à six branches, à 12h30, une autre étoile à six branches. Au-dessus de l'arrière-train du cerf un motif floral(?).

Hématite ou jaspe. Dactylioïde. 20,3 × 28 × 27,3 mm.

Planche XVII, 30.99

30.100

Un bélier de profil à droite, et un cerf de profil à gauche, la tête retournée. Quelques traits sur le pourtour.

Cornaline. Chaton à biseau resserré. 2,6 × 14 × 12,8 mm.

Planche XVII, 30.100

d. Bovidés: béliers, ibex

30.101 **5.48**

Deux béliers couchés, celui de gauche de profil à gauche, celui de droite de profil à droite. Entre les deux, une étoile à six branches.

Inscription pehlevie en écriture lapidaire de 4 à 8 h.:
'pst'n ʿL yzd
«Confiance en la divinité»

Agate. Ellipsoïde. 13,2 × 16,2 × 11,6 mm.

Planche XVII, 30.101

30.102 **3.70**

Deux ibex couchés se faisant face de part et d'autre d'un arbre.

Inscription pehlevie en écriture lapidaire de 11 à 7 h.:
nwky (ssny)
«Nōg (fils de Sāsān?)

Cornaline. Ellipsoïde décoré (type II). 23.1 × 30 × 19,4 mm.
CII, pl. L, 173.

Planche XVII, 30.102

30.103 **3.71**

Ibex de profil à droite et bélier de profil à gauche de part et d'autre d'un arbre. Au-dessus de l'arbre (à 12 h.) un croissant.

Inscription pehlevie en écriture lapidaire de 9 à 2 h.:
pylwcšḥpwḥry
«Pērōz-Šābuhr»

Agate. Dactylioïde.
CII, pl. LI, 179.

Planche XVII, 30.103

2. *Oiseaux*

30.104

Deux coqs de part et d'autre d'un monogramme(?), un lien à bandelettes autour du cou.

Agate. Chaton (coupé d'un cachet «indépendant») 5,5 × 26,6 × 18,7 mm.

Planche XVIII, 30.104

30.105 **3.72**

Deux oiseaux se faisant face. Entre eux, une branche(?)

Inscription pehlevie en écriture lapidaire de 2 à 10 h.:
yzd'nklty
«Yazdān-gird»

Agate. Ellipsoïde. 17,8 × 22,5 × 12,4 mm.
CII, pl. XLVII, 144.

Planche XVIII, 30.105

β. *Quatre sujets*

30.106

Deux groupes de deux animaux de part et d'autre d'un arbre: à gauche, de profil à droite: en haut un lion sautant et en bas un ibex; à droite, de profil à gauche, en haut un bœuf sautant et en bas un bélier couché.
Dans le champ à 10 h. une étoile à six branches.

Calcédoine-agate. Ellipsoïde. 22,7 × 30,6 × 26,2 mm.

Planche XVIII, 30.106

C. *Parties du corps*

α. *Sujet unique*

— *Têtes*

30.107

Tête de lion en trois-quarts de profil.

Calcédoine. Dactylioïde. 18,1 × 24 × 23,4 mm.

Planche XVIII, 30.107

30.108 **2.30**

Tête d'ours de profil à droite.

Inscription pehlevie en écriture lapidaire de 9 à 12 h.:
wlḥl'n ZY p'ḥl(p)t
«Vahrām, chef de la garde (?)»
(ou fils de Pāhrbed?)

Agate. Ellipsoïde. 14,4 × 17,2 × 10 mm.
CII, pl. LIV, 203.

Planche XVIII, 30.108

30.109 **5.50**

Tête de bœuf de profil à droite. Au-dessus, un scorpion.

Inscription pehlevie en écriture lapidaire de 7 à 4 h.:
l'st
«Droit»

Agate. Dactylioïde. 8,9 × 11,6 × 10,5 mm.

Planche XVIII, 30.109

30.110 **4.21**

Tête de bœuf de profil à droite.

Inscription pehlevie en écriture lapidaire de 9 à 10 h.:
gwšnspy l'stḥy
«Gušnasp; droiture»

Jaspe vert. Dactylioïde. 10,5 × 14,4 × 14 mm.

Planche XVIII, 30.110

— *têtes + cous*

30.111

Tête et cou de cervidé de profil à droite, au-dessus d'une paire d'ailes.

Cornaline. Cabochon plan. 3,3 × 12,8 × 10,5 mm.

Planche XVIII, 30.111

30.112

Tête et cou de bélier de profil à gauche au-dessus d'une paire d'ailes.

Grenat almandin. Cabochon serti dans une bague.

Planche XVIII, 30.112

30.113

Tête et cou de bélier de profil à droite au-dessus d'une paire d'ailes. Dans le champ à gauche une étoile à huit branches et à droite, un arbuste(?).

Hématite. Dactylioïde décoré (type I 1). 18,8 × 22,5 × 18,9 mm.

Planche XVIII, 30.113

30.114

Tête et cou de bélier au-dessus d'une paire de bandelettes. Entre les cornes un élément floral.

Agate. Ellipsoïde. 13,3 × 15,5 × 7,3 mm.

Planche XVIII, 30.114

30.115 **6.28**

Tête et cou de bélier de profil à gauche. Dans le champ à gauche une étoile à huit branches.

Inscription en écriture cursive (gravée en positif) de 3 à 9 h.:
(gwšnsp)?
«Gušnasp»

Forme exceptionnelle.
CII, pl. LIV, 208.

Planche XVIII, 30.115

β. *Plusieurs sujets*

— *Têtes*

30.116 **4.22**

Trois têtes d'antilopinés(?): deux à gauche, de profil à droite et une à droite, de profil à gauche.

Inscription pehlevie en écriture lapidaire de 2 à 3 h.:
yzdtwlḥl'n ḥwkly
«Yazd-Vahrām, bienfaisant»

Agate. Dactylioïde. 17 × 21,6 × 16,7 mm.
CII, pl. LI, 178.

Planche XVIII, 30.116

30.117 **3.73**

Quatre têtes de bœuf disposées en roue.

Inscription pehlevie en écriture lapidaire de 2 à 4 h.:

wšt'spy wšt'sp'n

«Vištāsp, fils de Vištāsp»

Cornaline. Ellipsoïde. 19,2 × 24,1 × 15,6 mm.
CII, pl. L, 170.

Planche XVIII, 30.117

30.118 **3.74**

Nœud dont les quatre extrémités sont respectivement formées par des têtes de bélier de profil à gauche (à 11 h.), de lion de face (à 7 h.), de cerf, de profil à gauche (à 5 h.) et de chèvre(?) de profil à droite (à 1 h.).
Dans le champ, à gauche, un croissant inversé et à droite une étoile à six branches.

Inscription pehlevie en écriture lapidaire de 4 à 8 h.:

ḥynbry

«Hēn-bar?» (⟨*haēna-bara-)

Agate. Dactylioïde. 16,3 × 20,7 × 17,4 mm.
CII, pl. LIII, 201.

Planche XVIII, 30.118

30.119 **3.75**

Nœud dont les quatre extrémités sont formées par des têtes d'animaux: à 11 h. une tête de cervidé de profil à droite, à 1 h. une tête d'antilopiné de profil à gauche, à 5 h. une tête de bélier de profil à droite et à 7 h. une tête d'antilopiné de profil à gauche. A 9 et 3 h. deux éléments floraux.

Inscription pehlevie en écriture cursive de 4 à 10 h.:

ḥwslwdm'd

«Husrav-Māh»

Calcédoine. Dactylioïde. 10,7 × 15 × 15 mm.

Planche XVIII, 30.119

— *Têtes + cous*

30.120 **3.76**

Trois têtes et cous de chevaux fusionnés et disposés en roue, au cou un lien à bandelettes.

Inscription pehlevie en écriture lapidaire de 11 à 1 h.:
'wḥlmzdy
«Ohrmazd»

Jaspe vert. Dactylioïde. 11,4 × 14,8 × 14,4 mm.
CII, pl. LIV, 206.

Planche XVIII, 30.120

30.121

Quatre têtes et cous fusionnés disposés en roue, alternativement de bœuf et de bélier.

Cornaline. Dactylioïde. 10,1 × 13,5 × 12,4 mm.

Planche XVIII, 30.121

30.122

Quatre têtes et cous d'antilopinés(?) fusionnés et disposés en roue.

Calcédoine. Dactylioïde. 11,8 × 15,6 × 14,4 mm.

Planche XVIII, 30.122

30.123

Six têtes et cous fusionnés et disposés en roue: alternativement de cerf, bélier, bœuf.

Agate. Ellipsoïde. 18,6 × 21,2 × 18 mm.

Planche XVIII, 30.123

— *Protomes*

30.124 **5.51**

Deux protomes de lion et de lionne fusionnés et disposés en inversion.

Inscription pehlevie en écriture cursive, au-dessus de la figuration, de 1 à 11 h.:
'pzwn'
«Croissance»
et au-dessous, de 7 à 5 h.:
'pzwn'
«Croissance»

Grenat almandin. Cabochon concave. 3,4 × 13,5 × 9,3 mm.

Planche XVIII, 30.124

30.125

Deux protomes de béliers fusionnés et disposés en inversion.

Calcédoine. Dactylioïde. 9,7 × 13,3 × 13,1 mm.

Planche XVIII, 30.125

30.126

Deux protomes de bovidés(?) fusionnés et disposés en inversion. Quelques longs traits sur le pourtour.

Calcédoine. Dactylioïde. 15 × 20,2 × 19,4 mm.

Planche XVIII, 30.126

31. ANIMAL AGISSANT ENVERS UN HUMAIN

Louve allaitant humain(s)

31.1

Louve allaitant un petit humain.
Dans le champ à 11 h. une croix grecque.

Sardonyx (nicolo). Chaton à double biseau. 4,4 × 21,3 × 18,8 mm.

Planche XIX, 31.1

31.2 **3.77**

Louve allaitant deux petits humains.

Inscription pehlevie en écriture lapidaire de 1 à 11 h.:
zlyl
«Zarēr»

Grenat almandin. Chaton serti dans une bague. ? × 9,7 × 9 mm.

Planche XIX, 31.2

31.3 **4.23**

Louve allaitant deux petits humains.

Inscription pehlevie en écriture lapidaire de 2 à 9 h.:
Šytmy l'sty
«Šēdam, droit»
(<*xšaita-manah, cf. *OP* 8.644: *ṛtama-<ṛtamanah et 11.1.7.2.)

Agate. Ellipsoïde décoré. 16,2 × 20,5 × 15,5 mm.
CII, pl. XXXIX, 77.

Planche XIX, 31.3

31.4 **6.29**

Louve allaitant deux petits humains.

Inscription pehlevie en écriture cursive de 2 à 10 h.:
('t)wrp't' 'ḥyn'?
«Ādur-bād ...»

Calcédoine. Forme exceptionnelle (perle) comportant deux motifs (voir aussi 14.5). CII, pl. XXXIX, 78 et 78a.

Planche XIX, 31.4

31.5

Louve allaitant deux petits humains(?).

Agate. Ellipsoïde. 21,8 × 26,6 × 20,5 mm.

Planche XIX, 31.5

Action malveillante(?)

31.6

Lion de profil à droite semblant mordre une tête humaine de profil à droite.

Cornaline. Ellipsoïde. 17,7 × 21,4 × 12,3 mm.

Planche XIX, 31.6

33. ANIMAL AGISSANT ENVERS UN AUTRE ANIMAL

A. *Action bienveillante*

Animal allaitant animal

33.1

Louve allaitant deux louveteaux.

Sardonyx (nicolo). Chaton à double biseau. 3,8 × 13,4 × 12,3 mm.

Planche XIX, 33.1

33.2 **3.78**

Lionne allaitant deux lionceaux.
Dans le champ à 12 h. un croissant.

Inscription pehlevie en écriture cursive de 2 à 9 h.:
m'ḥ'twrgwšnsp'
«Māh-Ādur-Gušnasp»

Chrysoprase(?) Cabochon plan. 5 × 13,6 × 12,2 mm.
CII, pl. LII, 192.

Planche XIX, 33.2

33.3 **5.52**

Lionne allaitant lionceau.
Quelques larges traits sur le bord de 8 à 5 h.

Inscription pehlevie en écriture cursive gravée en positif de 10 à 4 h.:
YWM TB
«Bon jour!»
Agate. Dactylioïde. 17 × 22 × 20 mm.

Planche XIX, 33.3

33.4 **6.30**

Biche(?) allaitant faon.

Inscription pehlevie en écriture lapidaire de 4 à 10 h.:
('ps)t'?
«Confiance»

Agate. Dactylioïde. 17,3 × 21,6 × 20,2 mm.

Planche XIX, 33.4

33.5

Vache allaitant veau.

Agate. Dactylioïde sur le dos duquel est gravé un autre motif: un oiseau au-dessus d'un monticule tripartite. 12,8 × 17,4 × 16,6 mm.

Planche XIX, 33.5

B. *Action indéfinie*

33.6 **3.79**

Singe sautant sur un chameau tenu à un lien par une figure humaine.

Inscription pehlevie en écriture lapidaire de 4 à 2 h.:
std't
«Sad-dād» (?)

Agate. Dactylioïde. 12,6 × 17 × 16,7 mm.
CII, pl. LI, 181.

Planche XIX, 33.6

C. *Action «malveillante»*

— *Quadrupèdes*

33.7

Lion dressé sur ses pattes arrières de profil à gauche sautant sur bœuf à droite.
Dans le champ à 11 h. un croissant et à 2 h. une étoile à six branches.
En dessous une ligne torsadée, ondulée.

Calcédoine. Ellipsoïde décoré (varia V). 22,3 × 28 × 21 mm.

Planche XIX, 33.7

33.8 **6.31**

Lion dressé sur ses pattes arrières de profil à droite sautant sur un cerf de profil à droite.
Dans le champ à 10 h. un croissant.

Inscription pehlevie en écriture cursive de 4 à 11 h.:
Quelques caractères pehlevies sans signification.

Calcédoine. Dactylioïde. 18 × 24,7 × 22,7 mm.
CII, pl. LII, 186.

Planche XIX, 33.8

33.9

Lion de profil à droite sautant au-dessus d'un bœuf à bosse accroupi de profil à gauche.

Cornaline. Ellipsoïde décoré (type II). 21,2 × 26,7 × 17,8 mm.

Planche XIX, 33.9

33.10

Lion de profil à droite sautant au-dessus d'un bœuf à bosse accroupi de profil à gauche.

Calcédoine. Ellipsoïde décoré (varia VI). 22,9 × 27,8 × 20,1 mm.

Planche XIX, 33.10

33.11 **5.53**

Lion de profil à droite, la tête de face au-dessus d'un cerf allongé sur le dos de profil à gauche.

Inscription pehlevie en écriture lapidaire de 6 à 2 h.:
'p'nstyy (sic)
«Confiance»

Hématite. Dactylioïde segmentaire. 12,5 × 19,1 × 18,9 mm.

Planche XIX, 33.11

33.12 **5.54**

Lion et cerf dressés sur leurs pattes arrières s'agrippant corps à corps.
Dans le champ à 4 h. un croissant.

Inscription pehlevie en écriture lapidaire de 9 à 3 h.:
l'styḥ
«Droiture»

Jaspe. vert. Dactylioïde. 14,3 × 18,4 × 16,5 mm.
CII, pl. LII, 187.

Planche XIX, 33.12

33.13 **3.80**

Tigre(?) et bélier se dressant sur les pattes arrières et s'agrippant corps à corps.

Inscription pehlevie en écriture lapidaire de 5 à 8 h.:
lywmtly ZY dwstkn
«Rēv-Mihr, fils de Dōstag»

Jaspe. Ellipsoïde. 19 × 21 × 16,4 mm.

Planche XIX, 33.13

33.14 **6.32**

Lion et antilope(?) se dressant l'un contre l'autre.

Inscription pehlevie en écriture cursive de 4 à 8 h.:
(yzd'nkrt??) (Yazdān-gird?)

Jaspe. Dactylioïde. 11 × 14,9 × 14,4 mm.
CII, pl. LII, 191.

Planche XIX, 33.14

33.15

Lion de profil à droite agrippant par une patte une tête de bélier.
Dans le champ à 11 h. une étoile à six branches et à 5 h. un croissant.

Agate. Ellipsoïde (rehaussé) 24,8 × 26,8 × 16,5 mm.

Planche XIX, 33.15

Oiseau de proie attaquant

33.16 **5.55**

Oiseau de proie de profil à droite les ailes déployées au-dessus d'un rongeur.
Ligne au-dessous du lapin.

Inscription pehlevie en écriture lapidaire de 4 à 7 h.:
'pst'n ʿL yzd'n
«Confiance en les dieux»

Sardoine. Dactylioïde décoré (varia VI). 21,2 × 28 × 21,2 mm.
CII, pl. XLVI, 136.

Planche XX, 33.16

33.17 **6.33**

Oiseau de proie de face les ailes déployées la tête de profil à droite, tenant avec ses griffes un rongeur de profil à droite.

Dans le champ à droite un monogramme à lettres:
il y a clairement un P, et peut-être avant lui, un autre signe.

Agate. Ellipsoïde. 25 × 30,8 × 20,3 mm.

Planche XX, 33.17

33.18 **5.56**

Oiseau de proie de profil à droite au-dessus d'un bœuf à bosse couché de profil à droite.

Inscription pehlevie en écriture lapidaire de 5 à 8 h.:
'pst'n wy (pour '[L] y[zd'n]?)
«Confiance [en les dieux?]»

Agate. Ellipsoïde. 19 × 22,6 × 15,2 mm.
CII, pl. XLVII, 143.

Planche XX, 33.18

33.19

Oiseau de proie de profil à droite au-dessus d'un bélier couché de profil à droite.

Agate. Ellipsoïde. 19,2 × 22,4 × 19,7 mm.

Planche XX, 33.19

33.20

Oiseau de proie de profil à droite au-dessus d'une antilope accroupie à droite.

Calcédoine. Ellipsoïde. 24 × 30,3 × 19,2 mm.

Planche XX, 33.20

33.21 **6.34**

Oiseau de proie de profil à droite les ailes déployées au-dessus d'un oiseau de profil à droite.

Inscription pehlevie en écriture lapidaire de 12 à 10 h.:
'nb? suivi d'un tamgha

Calcédoine. Ellipsoïde. 18,1 × 22 × 16,2 mm.

CII, pl. XLVI, 135.

Planche XX, 33.21

33.22 **3.81**

Oiseau de proie de face la tête de profil à droite au-dessus de deux oiseaux, celui de gauche de profil à gauche et celui de droite de profil à droite.

Inscription pehlevie en écriture lapidaire de 3 à 11 h.:
'štlyt
«Ašahrid»? (<*a-xšaθr-ita-?)

Calcédoine. Ellipsoïde: anneau. 21,9 × 23,9 × 12 mm.

Planche XX, 33.22

33.23 **3.82**

Oiseau de proie de profil à droite au-dessus d'un poisson.
Au-dessus un autre oiseau plus petit.
Dans le champ à 3 h. une croix.

Inscription pehlevie en écriture lapidaire de 12 à 8 h.:
(g)'nydyly?

Grenat almandin. Cabochon concave. 3,9 × 15,1 × 12,5 mm.

Planche XX, 33.23

— *deux sujets*

33.24

Deux lions sautant, disposés symétriquement et se faisant face au-dessus d'un bœuf à bosse sautant de profil à droite.
Dans le champ à 12 h. un croissant.
De larges traits sur le bord de 8 à 1 h.

Calcédoine. Dactylioïde. 20,5 × 25,3 × 23,6 mm.

Planche XX, 33.24

33.25 **3.83**

A gauche, protome de lion de profil à droite et à droite, protome de tigre(?) de profil à gauche, qui semblent s'attaquer à une tête de bélier de profil à gauche qui est placée entre les deux protomes.

Inscription pehlevie en écriture lapidaire de 5 à 11 h.:

’pšlcky ZY nywyn’n

«Afš-razag (ou rōzag?), fils de Nēvēn»

Cf. *OP*. 8.111: *afš-dahyu — (et 8.1446: ruzzaka) — nēvēn ⟨*naiba-ina-

Agate. Ellipsoïde. 25,6 × 31,6 × 16,4 mm.

CII, pl. LII, 185.

Planche XX, 33.25

40. ÊTRES FANTASTIQUES

A. *Êtres naturels ailés*

a. Humains ailés — sujet unique

40.1

Humain ailé, passant à droite, tenant dans la main tendue devant lui, un anneau à bandelette.

Agate. Ellipsoïde. 19,9 × 23,6 × 16,5 mm.

Planche XX, 40.1

40.2

Humain ailé, de profil à droite, tenant dans la main, tendue devant lui, un anneau à bandelette. La jambe gauche, pliée derrière la jambe droite.

Calcédoine. Ellipsoïde. 22,5 × 28,5 × 19,4 mm.

Planche XX, 40.2

40.3

Humain ailé, de profil à droite, tenant dans les mains, tendues devant lui, un anneau à bandelette. La jambe droite pliée.

Calcédoine ou sardoine brûlée. Ellipsoïde. 24 × 28,6 × 20,5 mm.

Planche XX, 40.3

40.4

Humain ailé, de profil à droite, tenant (?) devant lui un objet (?).
Sur le pourtour, de larges traits décoratifs.

Jaspe vert. Dactylioïde. 9,6 × 13,2 × 13 mm.

Planche XX, 40.4

— Deux sujets

40.5

Deux humains ailés, les jambes croisées, se faisant face. Ils tendent en haut d'une main un objet se terminant par un anneau et ils tiennent chacun dans l'autre main une branche.

Calcédoine. Dactylioïde. 12,6 × 16,8 × 16,4 mm.

Planche XX, 40.5

b. Bustes ailés

40.6 **2.32**

Buste ailé d'homme, de profil à droite. La chevelure est divisée en deux zones. Barbe. Vêtement indiqué par des lignes, boucle d'oreille, collier à trois perles. Étrange boule sur le front.

Inscription pehlevie en écriture cursive de 3 à 10 h.:

ḥwt'd't Y mgw
«Xvadā-dād, mage»

Agate. Dactylioïde. 14,5 × 18,6 × 18,4 mm.
CII, pl. XL, 86.

Planche XX, 40.6

c. Chevaux ailés — sujet unique

40.7 **6.35**

Cheval ailé, passant à droite. Deux bandelettes semblent accrochées à l'aile.
Dans le champ, à droite, une étoile à six branches. Sur le pourtour, quelques «perles».

Inscription pehlevie effacée (en écriture lapidaire?) de 1 à 11 h.:

m...

Sardoine-agate. Dactylioïde. 15,3 × 20,2 × 19,6 mm.

Planche XX, 40.7

40.8 **5.57**

Cheval ailé, passant à droite.

Inscription pehlevie en écriture lapidaire de 4 à 9 h.:

'pst'nw ʿL (y)
«Confiance en ⟨les dieux⟩»

Jaspe. Ellipsoïde. 19,5 × 22 × 14 mm.

Planche XX, 40.8

40.9 **5.58**

Cheval ailé, passant à droite. Dans le champ, en haut à gauche, une croix simple.

Inscription pehlevie en écriture lapidaire de 4 à 9 h.:
l'styḥy p'lswmy
«La droiture est excellente»

Agate. Ellipsoïde. 18 × 22 × 14,7 mm.
CII, pl. XLVIII, 150.

Planche XX, 40.9

40.10 **3.84**

Cheval ailé, passant à droite, la queue torsadée. Dans le champ, en haut à gauche, un croissant.

Inscription pehlevie en écriture lapidaire (?) de 5 à 9 h.:
't(w)r'ngwšnspy
«Ādurān-Gušnasp»

Jaspe fleuri. Chaton à double biseau. 5,6 × 19,1 × 15,3 mm.
CII, pl. XLVIII, 155.

Planche XX, 40.10

40.11 **5.59**

Cheval ailé, passant à droite.

Inscription pehlevie en écriture lapidaire de 1 à 3 h.:
'pst'm ʿL ⟨y⟩zd'n
«Confiance en les dieux»

Bronze. Ellipsoïde. 18,2 × 22 × 16,8 mm.
CII, pl. XLVIII, 149.

Planche XXI, 40.11

40.12 **5.60**

Cheval ailé, passant à droite, la queue touffue.

Inscription pehlevie en écriture lapidaire de 4 à 10 h.:
'pt(s)'n[m ?]
«(J'ai) confiance...»

Hématite. Dactylioïde. 13 × 16,7 × 13,7 mm.
CII, pl. XLVII, 146.

Planche XXI, 40.12

40.13 **3.85**

Cheval ailé, passant à droite. Dans le champ, à droite, un objet.

Inscription pehlevie en écriture lapidaire de 1 à 9 h.:
'twr'wḥrmzd
«Ādur-Ohrmazd»

Agate. Dactylioïde. 12 × 15,4 × 14,7 mm.
CII, pl. XLVIII, 153.

Planche XXI, 40.13

40.14 **5.61**

Cheval ailé, passant à droite.

Inscription pehlevie en écriture lapidaire de 5 à 10 h.:
pn'ḥy
«Protection»

Grenat. Chaton (à biseau évasé) serti dans une bague. 14,1 × 10,3 mm.
CII, pl. XLVIII, 152.

Planche XXI, 40.14

40.15 **3.86**

Cheval ailé, passant à droite.

Inscription pehlevie en écriture lapidaire de 5 à 9 h.:
mtl'tlwplnb⟨g⟩
«Mihr-Ādur-Farrbay»

Agate. Ellipsoïde. 13,8 × 16,7 × 13,6 mm.

Planche XXI, 40.15

40.16

Cheval ailé, passant à droite.

Calcédoine. Dactylioïde. 12,7 × 18 × 17,4 mm.

Planche XXI, 40.16

40.17 **2.33**

Cheval à deux ailes, passant à droite.

Inscription pehlevie en écriture cursive de 1 à 3 h.:
b'pbg Y mgw Y 'nwšd't
«Bāb-bay, mage, fils de Anōš-dād»

Agate. Dactylioïde. 12,3 × 17,6 × 17,4 mm.

Planche XXI, 40.17

40.18 **3.87**

Cheval à deux ailes, passant à droite.

Inscription pehlevie en écriture cursive de 1 à 9 h.:
d'tgwšnsp'
«Dād-Gušnasp»

Agate (brûlée). Dactylioïde. 12,8 × 17,8 × 17,6 mm.
CII, pl. XLVII, 145.

Planche XXI, 40.18

40.19 **6.36**

Cheval à deux ailes, passant à droite. Dans le champ, à droite en bas, un croissant.

Inscription pehlevie en écriture cursive de 12 à 10 h.:
['](l)t'? «Ardā?»

Calcédoine (agate). Dactylioïde. 9,5 × 13,8 × 13,8 mm.
CII, pl. XLVII, 148.

Planche XXI, 40.19

40.20 **3.88**

Cheval à deux ailes, passant à droite. Sur la tête semble fixé un anneau à bandelette.

Inscription pehlevie en écriture cursive de 12 à 8 h.:
d'(t)' Y plnbggwšnsp ...'n
«Dād, fils de Farrbay-Gušnasp...»

Agate. Dactylioïde. 13,7 × 17,7 × 17,6 mm.

Planche XXI, 40.20

40.21

Cheval à deux ailes, passant à droite.

Calcédoine. Dactylioïde. 15 × 19 × 18,9 mm.

Planche XXI, 40.21

40.22 **2.34**

Cheval à deux ailes, de profil à droite.

Inscription pehlevie en écriture cursive de 5 à 8 h.:
'z'tmlt' Y mgw Y plḥwd'tyn
«Āzād-mard, mage, fils de Farrox-dādēn»

Calcédoine (brune). Dactylioïde. 14,9 × 18,3 × 17,3 mm.
CII, pl. XLVIII, 154.

Planche XXI, 40.22

40.23 **3.89**

Cheval à deux ailes, de profil à droite.

Inscription pehlevie en écriture cursive de 6 à 3 et de 12 à 9 h.:
mtr'wlḥl'n
«Mihr-Vahrām»

Calcédoine blanche. Dactylioïde. 12,2 × 15,2 × 15,2 mm.
CII, pl. XLVII, 147.

Planche XXI, 40.23

40.24 **2.35**

Cheval à deux ailes, de profil à droite. Sur la tête, anneau à bandelette.

Inscription pehlevie en écriture cursive de 12 à 8 h.:
(gwr') Y MR'Ḥ «(Gōr), le seigneur»

Calcédoine. Chaton à biseau évasé. 5 × 25 × 24,6 mm.

Planche XXI, 40.24

40.25 **3.90**

Cheval à deux ailes, de profil à droite.

Inscription pehlevie en écriture cursive de 1 à 9 h.:
prnbggwšnsp
«Farrbay-Gušnasp»

Agate. Dactylioïde. 15,6 × 21 × 20,7 mm.

Planche XXI, 40.25

Chevaux ailés — parties du corps — deux sujets

40.26 **5.62**

Deux protomes de cheval ailé, se faisant face. Entre eux, un croissant et en haut, une étoile à six branches.

Inscription pehlevie en écriture lapidaire de 2 à 10 h.:
['p]st'n YY yz
«Confiance et les (dieux)»

Agate-cornaline. Conoïde. 16 × 20 × 20 mm.
CII, pl. XLVIII, 156.

Planche XXI, 40.26

d. Lions ailés

40.27 **5.63**

Lion à deux ailes, passant à droite.

Inscription pehlevie en écriture lapidaire de 4 à 4 h.:
l'tyḥy P⟨WN⟩ l'styḥy p'lswmy
«La générosité par la justice (est) excellente»

Cornaline. Ellipsoïde. 19 × 23,4 × 16 mm.
CII, pl. LII, 190.

Sh. Shaked, «Jewish and Christian Seals of the Sasanian Period», dans *Studies in memory of G. Wiet*, Jerusalem 1977, p. 20 n. 11.

Planche XXI, 40.27

40.28 **6.37**

Lion ailé, assis à droite, la tête de face. Dans le champ, à gauche, une étoile à huit branches, et à droite, un croissant et une croix.

Inscription pehlevie en écriture lapidaire de 12 à 7 h.:
y'yyyy?

Agate. Ellipsoïde. 15,8 × 20 × 16,6 mm.

Planche XXI, 40.28

Lions ailés — parties du corps

40.29

Protome de lion à deux ailes, de profil à droite. Deux bandelettes partent des pattes antérieures.

Agate. Ellipsoïde. 11,9 × 14,2 × 9,8 mm.

Planche XXI, 40.29

40.30 **5.64**

Protome de lion ailé de profil à droite.

Inscription pehlevie en écriture lapidaire de 3 à 3 h.:
'plstyḥy (?) W ('p)'st'n 'L yzdty
«Elévation (abrāstīh ?) et confiance dans la divinité»

Planche XXI, 40.30

e. Bovins ailés

40.31 **3.91**

Bœuf à deux ailes, de profil à droite, l'avant-corps tourné de face.

Inscription pehlevie en écriture lapidaire de 4 à 10 h.:
'yl'nn['n ?]bwdy
«Ērān-... bōy»

Agate. Ellipsoïde. 18,9 × 21,6 × 18,8 mm.
CII, pl. XLIX, 160.

Planche XXII, 40.31

f. Ovins ailés

40.32 **5.65**

Bélier à deux ailes, de profil à droite. Dans le champ, à droite en bas, un croissant.

Inscription pehlevie en écriture cursive de 12 à 9 h.:
plḥw' ŠRM
«Paix prospère!»

Calcédoine. Dactylioïde. 15,8 × 21,3 × 21,2 mm.

Planche XXII, 40.32

B. *Êtres composites*

a. Corps de bovidé, tête humaine + ailes

40.33 **5.66**

Être composite couché de profil à droite, tête de face, croissant(?) sur la poitrine.

Inscription pehlevie en écriture lapidaire de 9 à 4 h.:
[l]'sty
«droit» et à 10 h., d'autres caractères (?)

Agate. Dactylioïde(?) serti dans une monture. 18,5 × 17,5 mm.

Planche XXII, 40.33

40.34

Être composite de profil à droite, la tête de profil, un collier de perles autour du cou.

Agate. Dactylioïde. 18,4 × 26,3 × 25,4 mm.

Planche XXII, 40.34

40.35 **5.67**

Être composite de profil à droite, la tête de face. Collier à pendentif autour du cou.

Inscription pehlevie en écriture lapidaire de 4 à 8 h.:
'pst'n ʿL yzd
«Confiance en la divinité»

Jaspe fleuri. Dactylioïde. 15,3 × 19,2 × 15,4 mm.

Planche XXII, 40.35

40.36

Être composite couché de profil à droite.

Cornaline. Dactylioïde. 7,3 × 9 × 7,8 mm.

Planche XXII, 40.36

40.37

Être composite couché de profil à droite. Un oiseau est posé sur son arrière-train.

Agate. Chaton convexe. 3,8 × 13,8 × 11 mm.

Planche XXII, 40.37

40.38 **2.36**

Être composite de profil à droite. Un lapin est couché entre ses pattes.

Inscription pehlevie en écriture lapidaire de 5 à 8 h.:
't[l]wp't ZY mgw m[t]lk W l'sty
«Ādur-bād, mage, fidèle et droit»

Agate. Ellipsoïde. 20,5 × 26 × 18,6 mm.
CII, pl. XLV, 128.

Planche XXII, 40.38

40.39 **5.68**

Être composite de profil à droite.

Inscription pehlevie en écriture cursive de 4 à 10 h.:
'(p)st'n
«Confiance»

Cornaline. Dactylioïde. 10 × 13,6 × 13,3 mm.
CII, pl. XLV, 131.

Planche XXII, 40.39

40.40 **5.69**

Être composite de profil à droite.

Inscription pehlevie en écriture lapidaire de 4 à 8 h.:
l'styḥy
«Droiture»

Agate. Dactylioïde. 15,6 × 19 × 16,2 mm.
CII, pl. XLV, 130.

Planche XXII, 40.40

40.41 **6.38**

Être composite de profil à droite.

Inscription pehlevie en écriture lapidaire de 5 à 10 h.:
'pstyḥt?

Agate. Ellipsoïde. 19 × 22,8 × 15 mm.
CII, pl. XLV, 129.

Planche XXII, 40.41

40.42

Être composite de profil à droite.
Dans le champ à droite un arbre et à 10 h. une étoile à six branches.

Agate. Ellipsoïde. 17,4 × 22,9 × 15,3 mm.

Planche XXII, 40.42

40.43

Être composite de profil à droite.
Dans le champ à 10 h. un croissant.

Agate. Dactylioïde. 25,7 × 32,2 × 26 mm.

Planche XXII, 40.43

b. «Griffons»

40.44

Griffon de profil à droite.

Cornaline. Dactylioïde. 7,7 × 10,2 × 9,4 mm.

Planche XXII, 40.44

40.45

Griffon assis de profil à droite.
Dans le champ à droite un monogramme.

Calcédoine. Dactylioïde. 11,2 × 14,5 × 12,3 mm.

Planche XXII, 40.45

40.46 **5.70**

Griffon assis de profil à droite, un lien à bandelette autour du cou.
Dans le champ à 4 h. une tête d'antilope(?).

Inscription pehlevie en écriture lapidaire de 11 à 9 h.:
l'[s] (abréviation pour *l'st*?)
«Droit»

Jaspe. Dactylioïde. 10,4 × 13,9 × 13,6 mm.

Planche XXII, 40.46

40.47 **3.92**

Griffon assis de profil à droite.
Dans le champ à 3 h. un motif floral.

Inscription pehlevie en écriture lapidaire de 12 à 5 h.:
d'[tgw?]šspy
«Dād-Gušasp» (pour Gušnasp)

Jaspe vert. Dactylioïde. 10,4 × 14 × 12,7 mm.
CII, pl. XLIX, 159.

Planche XXII, 40.47

40.48

Griffon assis de profil à droite. Autour du cou un lien à bandelette. Dans le champ à droite un lapin.

Jaspe(?). Dactylioïde. 12,3 × 15,4 × 12,5 mm.

Planche XXIII, 40.48

40.49 **5.71**

Griffon de profil à droite.
Dans le champ à 5 h. une croix.

Inscription pehlevie en écriture lapidaire de 4 à 9 h.:
YWM ŠPYR
«Fortuné»

Cornaline. Chaton convexe. 3,1 × 13,6 × 10,4 mm.
CII, pl. XLIX, 158.

Planche XXIII, 40.49

c. Êtres composites à queue de poisson

40.50

Protome de bœuf à bosse, à queue de poisson, couché de profil à droite.
Dans le champ à 12 h. un croissant.

Calcédoine. Ellipsoïde. 22,7 × 27,3 × 15,3 mm.

Planche XXIII, 40.50

40.51

Protome de bœuf à bosse, à queue de poisson, ailé, couché de profil à droite.
Sur le bord de larges traits.

Agate. Ellipsoïde. 14,9 × 18,3 × 11,4 mm.

Planche XXIII, 40.51

40.52

Protome de bœuf à bosse, ailé, à queue de poisson couché de profil à droite.

Hématite. Dactylioïde rehaussé. 19 × 21,6 × 21,6 mm.

Planche XXIII, 40.52

40.53

Protome de bélier ailé à queue de poisson couché de profil à droite.

Agate. Chaton convexe? 3 × 13,3 × 10,8 mm.

Planche XXIII, 40.53

d. Êtres à corps d'oiseau

40.54

Torse d'homme ailé à corps d'oiseau de profil à droite, tenant un anneau.

Agate. Ellipsoïde. 11,7 × 14 × 7,8 mm.

Planche XXIII, 40.54

40.55

Torse d'homme ailé à corps d'oiseau de profil à droite, tenant un anneau à bandelette à la main.

Agate. Ellipsoïde. 16 × 19,7 × 11,8 mm.

Planche XXIII, 40.55

40.56

Tête d'homme à corps d'oiseau de profil à droite.
Dans le champ à 9 h. une étoile à six branches.

Calcédoine. Dactylioïde. 12,5 × 14,8 × 13 mm.

Planche XXIII, 40.56

40.57

Tête de bélier à corps d'oiseau de profil à droite.
Dans le champ à 10 h. un croissant.

Calcédoine. Ellipsoïde décoré (type I1). 14 × 16,3 × 14 mm.

Planche XXIII, 40.57

C. « Monstres »

a. une tête avec deux corps

40.58

Tête de cerf à deux corps se faisant face. Autour du cou un lien à bandelette. Dans le champ à 2 h. une étoile à six branches.

Bronze. Dactylioïde. 11,8 × 19,6 × 17,8 mm.

Planche XXIII, 40.58

40.59 **6.39**

Tête de coq à deux corps se faisant face. Au cou un lien à deux bandelettes.
Dans le champ à 10 h. un croissant et à 11 h. une étoile à six branches.

Inscription pehlevie en écriture lapidaire de 6 à 12 h.:
...b/gsy?

Cornaline. Ellipsoïde décoré (varia V). 23,8 × 28,2 × 18,1 mm.

Planche XXIII, 40.59

b. un corps à deux têtes ou deux visages

40.60

Buste d'homme à deux visages.

Cornaline. Chaton à biseau évasé serti dans une bague. 14,5 × 10,6 mm.

Planche XXIII, 40.60

40.61 **6.40**

Buste d'homme à deux visages.
Dans le champ à 9 h. un buste d'homme de profil à droite. Au-dessus de la couronne(?) à gauche une tête d'oiseau et à droite un objet indéterminé.

Inscription pehlevie en écriture lapidaire de 5 à 7 h.:
'ps...?

Jaspe fleuri. Ellipsoïde. 18,9 × 24,4 × 20 mm.

Planche XXIII, 40.61

40.62

Corps d'aigle à deux têtes.

Cornaline. Cabochon serti dans une bague. 15,6 × 13,5 mm.

Planche XXIII, 40.62

40.63

Bœuf ailé à deux têtes d'homme.
Sur le bord quelques larges traits.

Agate. Dactylioïde. 12,8 × 16,8 × 16 mm.

Planche XXIII, 40.63

40.64 **3.93**

Éléphant dont sort une tête d'homme sur le dos.
Dans le champ à 9 h. un scorpion et à 10 h. une étoile à six branches.

Inscription pehlevie en écriture lapidaire gravée en positif de 4 à 12 h.:

sydwprnw
«Sēd-Farr» (<*xšaita-farnah, et sarmate (transmis en grec) Saitapharnès, cf. *Annuaire EPHE*, 5e s., t. 85, 1976/1977, p. 221.
NB. Le *S* (au lieu de *Š*) peut s'expliquer ainsi.
Les deux *w* semblent une erreur pour *y*.

Agate. Ellipsoïde. 17,8 × 21,8 × 15,4 mm.
CII, pl. LIII, 200.

Planche XXIII, 40.64

40.65

Oiseau dont le corps est remplacé par une tête humaine.

Grenat. Cabochon plan. 4,3 × 11,1 × 9,8 mm.

Planche XXIII, 40.65

c. Composition homme(s)-oiseau(x)

40.66

Corps d'oiseau avec deux têtes d'oiseaux et une tête d'homme.
Dans le champ deux oiseaux.
Sur le bord deux branches.

Agate. Ellipsoïde. 13,2 × 15,7 × 11,8 mm.

Planche XXIII, 40.66

40.67

Corps d'oiseau avec une tête d'oiseau et deux visages d'homme.
Autour du cou de l'oiseau un lien à bandelette.
Dans le champ deux oiseaux.

Jaspe fleuri. Ellipsoïde annulaire. 13,7 × 16,5 × 11,2 mm.

Planche XXIII, 40.67

40.68

Oiseau dont le corps est remplacé par un visage humain; deux visages humains y sont accolés. Autour du cou de l'oiseau un lien à bandelette.

Jaspe. Dactylioïde. 12,7 × 16,7 × 15 mm.

Planche XXIII, 40.68

40.69

Oiseau dont le corps est remplacé par un visage humain; deux visages humains y sont accolés.

Jaspe vert. Dactylioïde (9,4 ×)12,5 × 11,3 mm.

Planche XXIII, 40.69

40.70 **3.94**

Oiseau dont le corps est remplacé par un visage humain; deux visages humains y sont accolés. Autour du cou de l'oiseau un lien à bandelette.

Inscription pehlevie en écriture cursive de 4 à 8 h.:
(yw'n) Y p'tnl?
«J̌uvān, fils de Pād-...»

Jaspe vert. Dactylioïde. 11 × 15,2 × 14,4 mm.
CII, pl. XLVI, 132.

Planche XXIII, 40.70

d. Masque

40.71 **5.49**

Masque de lion de face.
Dans le champ à 12 h. une étoile à huit branches.

Inscription pehlevie en écriture lapidaire de 4 à 5 h.:
[p]n'ḥy ʿL yzd'n klpky TB
«Se réfugier (litt. la protection) dans les dieux est une bonne action»

Agate. Ellipsoïde. 18,3 × 22,7 × 17,3 mm.
CII, pl. LII, 189.

Planche XXIV, 40.71

40.72 **5.72**

Deux masques de lion.

Inscription pehlevie en écriture lapidaire de 4 à 8 h.:
l'styḥy p'lymy (pour *p'lswmy*)
«La droiture est parfaite»

Agate. Ellipsoïde. 13 × 16,7 × 10 mm.

Planche XXIV, 40.72

40.73

Masque de lion se terminant en haut par une tête de bovidé.
En dessous deux bandelettes.

Cornaline. Cabochon serti dans une bague. 14,3 × 11,9 mm.

Planche XXIV, 40.73

40.74 **2.31**

Tête de cervidé de face au-dessus d'une paire d'ailes.
Dans le champ, au-dessus des cornes un croissant, à 9 h. un autre croissant, à 3 h. une étoile à six branches.

Inscription pehlevie en écriture lapidaire de 4 à 5 h.:
['r?]tds ZY mgw MRʿḤY dwsty
«... mage, (fils de ?) Xvadāy-dōst»

Agate. Ellipsoïde. 16,5 × 20,4 × 15 mm.
CII, pl. L, 172.

Planche XXIV, 40.74

e. Divers

40.75 **4.24**

Tête et cou de bovidé(?) dont les cornes sont remplacées par des ailes. Autour du cou collier de perles, à bandelettes.
Au-dessus de la tête un grand croissant et une étoile à six branches en forme de fleur.
Dans le champ à 5 h. un croissant.
Tout autour un bord de perles.

Inscription pehlevie en écriture lapidaire de 6 à 6 h.:
l's'wḥlmzdy 'ps[t'n ʿL] 'tḥšy 'pzlkwpy (écrit *dwpy*)
«Rāh-Ohrmazd; confiance dans le Feu ...»

Jaspe fleuri. Dactylioïde. 21 × 25 × 21,5 mm.
CII, pl. L, 171.

Planche XXIV, 40.75

40.76 **3.95**

Deux protomes de griffon accolés surmontés d'une tête d'homme.

Inscription pehlevie en écriture lapidaire de 5 à 8 h.:
plnbg
«Farrbay»

Jaspe. Dactylioïde. 12,7 × 17,2 × 15,8 mm.
CII, pl. XXXVIII, 68.

Planche XXIV, 40.76

40.77 **6.41**

Être composé d'une tête et cou d'oiseau à long bec, un visage humain et une tête de griffon.
En dessous un oiseau. Dans le champ, petit humain.

Inscription pehlevie en écriture lapidaire de 5 à 7 h.:
'{p}twlpt ZY wswš'n
«... -bed, fils de ...»
CII, pl. XXXVII, 60.

Planche XXIV, 40.77

43. ÊTRE FANTASTIQUE AGISSANT ENVERS UN ANIMAL

A. *Action bienveillante*

43.1 **6.42**

Cheval ailé allaitant un petit cheval.

Inscription pehlevie en écriture cursive de 3 à 9 h.:
caractères apparemment sans signification

Calcédoine brûlée. Dactylioïde. 15,4 × 19,6 × 17,8 mm.
CII, pl. XLVIII, 151.

Planche XXIV, 43.1

B. *Action malveillante*

43.2 (F ?) **6.43**

Cheval ailé et lion s'attaquant.
Dans le champ à 1 h. un croissant et une étoile.

Inscription pehlevie en écriture cursive assez étrange et en positif:
de 10 à 12 h.: peut-être 'pzwn «croissance»
de 6 à 4 h.: ('pyc?)

Agate. Dactylioïde. 13 × 16,5 × 16,5 mm.

Planche XXIV, 43.2

43.3 **5.73**

Deux griffons sautant au-dessus d'un bœuf à bosse accroupi de profil à droite.

Inscription pehlevie en écriture cursive de 4 à 8 h.:
YWM ŠPYR? (très stylisé)
«Fortuné»

Calcédoine. Ellipsoïde décoré (varia VII). 26,5 × 33 × 21,8 mm.

Planche XXIV, 43.3

50. MOTIFS NATURELS

A. *Motifs floraux*

50.1 **3.96**

Motif floral à trois fleurs au-dessus d'une paire de bandelettes.

Inscription pehlevie en écriture lapidaire de 3 à 9 h.:

plnlsḥy (*n* et *p* sont écrits à l'envers)

Farr-Narseh

Agate à couches horizontales (sardonyx). Chaton à double biseau. 4,7 × 15 × 12,5 mm.

CII, pl. LIV, 207.

Planche XXIV, 50.1

50.2

Motif floral, composé d'une fleur centrale trilobée et de deux petites fleurs latérales, au-dessus d'une paire de feuilles (ou d'ailes?).

Calcédoine. Dactylioïde. 11,7 × 14,5 × 13 mm. Sans reproduction

50.3

Motif floral composé de quatre fleurs(?). Au dessous une paire d'ailes.

Agate. Dactylioïde. 16 × 20,2 × 18,3 mm.

Planche XXIV, 50.3

50.4 **3.97**

Grenade(?) au-dessus d'une paire de bandelettes.

Inscription pehlevie en écriture lapidaire de 3 à 9 h.:

yzd'n'plytšḥpwḥ

et à 9 h. en seconde ligne:

ry̥

«Yazdān-Āfrīd-Šābuhr»

Calcédoine. Ellipsoïde décoré (type IV). 22,2 × 27 × 19,3 mm.

Planche XXIV, 50.4

50.5 **3.98**

Motif floral composé de cinq fleurs trilobées fixées sur une couronne au-dessus d'une paire d'ailes.

Inscription pehlevie en écriture lapidaire de 3 h à 9 h.:
l'mmtry
«Rām-Mihr»

Agate. Forme exceptionnelle: «perle».
CII, pl. LIV, 209.

Planche XXV, 50.5

B. *Éléments du ciel*

50.6 **3.99**

Croissant et étoile à six branches.

Inscription pehlevie en écriture lapidaire de 5 à 7 h.:
n'cydy ZY gwk'n
«Nāziy, fils de Gōk»

Calcédoine. Ellipsoïde. 19 × 23,7 × 18,6 mm.

Planche XXV, 50.6

50.7 **4.25**

Croissant sur support (ou monogramme) et étoile à six branches.

Inscription pehlevie en écriture lapidaire de 2 à 8 h.:
b'py l'sty
«Bāb, droit»

Calcédoine. Ellipsoïde décoré (varia V). 20,5 × 25,4 × 19 mm.

Planche XXV, 50.7

60. SUJETS INANIMÉS

A. *Autels du feu*

60.1 **5.74**

Autel du feu, caractérisé par le feu.

Inscription pehlevie en écriture lapidaire de 5 à 7 h.:
pn'hy ʿL 'tw*r*y (-*wr*- est écrit *š*, erreur fréquente)
«Protection en Ādur/dans le feu»

Agate. Ellipsoïde annulaire. 11,4 × 13,9 × 11,2 mm.

Planche XXV, 60.1

60.2

Autel du feu, caractérisé par le feu.

Cristal de roche(?). Ellipsoïde. 14,6 × 19,1 × 10,7 mm.

Planche XXV, 60.2

B. *Objets indéterminés*

60.3 **7.1**

Deux objets juxtaposés, du culte hébraïque.

Inscription en écriture hébraïque:
nysk

Grenat almandin. Cabochon plan. 2,7 × 11,6 × 8,7 mm.

Planche XXV, 60.3

60.4 **3.121**

Inscription pehlevie de deux lignes en écriture lapidaire, la première ligne de 7 à 8 h., la seconde de 1 à 9 h.:
ZNH dḥky ZY bwlc'wndy ZY / pwdk'n
«C'est le sceau (ou don?) de Burzāvand, fils de Pūdag»

Agate. Dactylioïde. 11,7 × 14,9 × 11,8 mm.

Planche XXV, 60.4

70. MONOGRAMMES*

A. *Compositions symétriques*

a. Type A-

70.1

Monogramme du type *Abb* au-dessus d'une paire de bandelettes. Sur le pourtour, de 10 à 2 h., quelques points.

Agate. Ellipsoïde. 15,4 × 18,8 × 14,4 mm.

Planche XXV, 70.1

70.2 **5.75**

Monogramme du type *Abc*.

Inscription pehlevie en écriture lapidaire de 4 à 8 h.:
'pst'n yy yzd'n
«Confiance en les dieux»

Agate. Ellipsoïde. 21 × 15,2 × 16,4 mm.
CII, pl. XXXIV, 35.

Planche XXV, 70.2

70.3 **3.100**

Monogramme du type *Abc*.

Inscription pehlevie en écriture lapidaire de 3 à 10 h.:
ml[t ?]n[']wy
«Mardanāv»?

Cornaline. Ellipsoïde décoré (type II). 16 × 19,3 × 11,7 mm.
CII, pl. XXXV, 38.

Planche XXV, 70.3

70.4 **4.26**

Monogramme du type *Abc*, flanqué de deux croix simples.

Inscription pehlevie en écriture lapidaire de 3 à 5 h.:

* Pour la classification des monogrammes voir les tableaux p. 188-189.

(w)tl'n ZY ⟨l⟩'styy
«Vahrām (?), droit»
Le *n* du premier mot est gravé à l'envers.

Agate. Ellipsoïde. 18 × 22,8 × 13,4 mm.
CII, pl. XXXIV, 33.

Planche XXV, 70.4

70.5 **5.76**

Monogramme du type *Abc*. Une étoile à six branches au-dessus (dans «A») et une à six branches au-dessous.

Inscription pehlevie en écriture lapidaire de 4 à 8 h.:
'pst'n 'L yzd'n
«Confiance en les dieux»

Agate. Ellipsoïde. 14,9 × 17,8 × 12,3 mm.

Planche XXV, 70.5

70.6

Monogramme du type *Abc* entouré d'un large cercle de traits.

Cornaline. Chaton à biseau resserré. 3 × 14,3 × 12,2 mm.

Planche XXV, 70.6

70.7

Monogramme du type *Abc*. Six globes sur le pourtour.

Cornaline. Dactylioïde. 7,5 × 7,7 × 9,2 mm.

Planche XXV, 70.7

70.8

Monogramme du type *Abc* au-dessus d'une paire de bandelettes.
Au-dessous un croissant et de 9 à 3 h. un arc de traits s'appuyant sur les bandelettes.

Agate. Ellipsoïde. 14,7 × 17,7 × 11 mm.

Planche XXV, 70.8

70.9 **2.37**

Monogramme du type *Abd* en double ligne. Dans le champ, à gauche (8 h.) une étoile à six branches et à droite (3 h.) un croissant.

Inscription pehlevie en écriture cursive de 2 à 9 h.:

m'ḥ Y mgw'
«Māh, mage»

Jaspe fleuri. Dactylioïde. 16,5 × 20,3 × 17,2 mm.
CII, pl. XXXIV,32.

Planche XXV, 70.9

70.10 **6.44**

Monogramme du type *Abd* en double ligne. Au-dessus et au-dessous, une étoile à six branches.

Inscription pehlevie en écriture
'p(')y y'y?
[abréviation pour *'pst'n 'L yzd'n*?]

Jaspe. Ellipsoïde. 11,8 × 14,1 × 10,3 mm.

Planche XXV, 70.10

70.11 **3.101**

Monogramme du type *Abd* en double ligne.

Inscription pehlevie en écriture cursive de 11 à 4 h.:
m'ḥ'twrgwšnsp'
«Māh-Ādur-Gušnasp»

Calcédoine(?). Dactylioïde. 9,4 × 13,6 × 13,3 mm.
CII, pl. XXXV, 37.

Planche XXV, 70.11

70.12 **2.38**

Monogramme du type *Abd* en double ligne. Au-dessous, un globe.

Inscription pehlevie en écriture lapidaire de 4 à 8 h.:
bwlcgwšnspy mgw (le *c* a la forme d'un *ḥ*)
«Burz-Gušnasp, mage»

Agate. Dactylioïde. 8,7 × 11,9 × 10,8 mm.

Planche XXV, 70.12

70.13 **5.77**

Monogramme du type *Abd* en double ligne, au-dessus d'une paire d'ailes.

Inscription pehlevie en écriture lapidaire de 3 à 9 h.:

'pst'n 'L yzd'n
«Confiance en les dieux»

Agate. Dactylioïde. 15,4 × 21 × 20 mm.

Plache XXVI, 70.13

70.14 **2.47**

Monogramme du type *Abd* au-dessus d'une paire d'ailes.

Inscription pehlevie en écriture lapidaire de 4 à 8 h.:
šḥpwḥly ZY dpyy (pour *dpywr?)
«Šābuhr, (scribe)»

Agate. Ellipsoïde. 18 × 22,2 × 16,2 mm.

Planche XXVI, 70.14

70.15

Monogramme du type *Abd* en ligne double au-dessus d'une paire d'ailes. Sur le pourtour supérieur quelques larges traits.

Jaspe. Dactylioïde. 10,8 × 14,4 × 13,6 mm.

Planche XXVI, 70.15

70.16

Monogramme du type *Abd*. Autour, un «cercle à branches».

Calcédoine. Ellipsoïde. (11,6) × 15,6 × 12 mm.

Planche XXVI, 70.16

70.17

Monogramme du type *Abd* en double ligne.

Jaspe vert. Dactylioïde. 12,7 × 16 × 15,2 mm.

Planche XXVI, 70.17

70.18

Monogramme du type *Abd* en double ligne. Au-dessus, une boule.

Jaspe vert. Dactylioïde. 12 × 14,8 × 13 mm.

Planche XXVI, 70.18

70.19

Monogramme du type *Abd.*

Agate. Ellipsoïde. 12,7 × 14,8 × 10,1 mm.

Planche XXVI, 70.19

70.20

Monogramme du type *Abdj* en ligne double. A gauche et à droite, sur le pourtour quelques larges traits.

Jaspe. Dactylioïde. 10,8 × 14,4 × 13,6 mm.

Planche XXVI, 70.20

70.21 **3.102**

Monogramme du type *Abdj.*

Inscription pehlevie en écriture lapidaire de 3 à 9 h., terminée par une croix simple:
wl'cpwl
«Varāz-pūr»

Agate. Ellipsoïde. 12 × 14,1 × 8,8 mm.

Planche XXVI, 70.21

70.22

Monogramme du type *Abd(j?)* au-dessus d'une paire de bandelettes.
Au-dessus (dans «*A*») une étoile à six branches et de 9 à 3 h. un arc de traits s'appuyant sur les bandelettes.

Sardoine. Ellipsoïde. 15,5 × 18,1 × 10 mm.

Planche XXVI, 70.22

70.23

Monogramme du type *Ab(d?).*

Cornaline. Dactylioïde. 9 × 11,3 × 10,4 mm.

Planche XXVI, 70.23

70.24 **3.103**

Monogramme du type *Abg* terminé en bas par une paire de bandelettes.

Inscription pehlevie en écriture cursive de 4 à 9 h.:
'twr'⟨w⟩ḥrmzd
«Ādur-Ohrmazd»

Calcédoine. Dactylioïde. 11,4 × 15,3 × 15,3 mm.
CII, pl. XXXVI, 52.

Planche XXVI, 70.24

70.25

Monogramme du type *Abg* terminé en bas par une paire de bandelettes.

Cornaline. Chaton serti dans monture. 11 × 9,7 mm.

Planche XXVI, 70.25

70.26

Monogramme du type *Abg* terminé en bas par une paire de bandelettes. Au-dessus, sur le pourtour, quelques larges traits.

Hématite. Dactylioïde. 19 × 21,6 × 21,6 mm.

Planche XXVI, 70.26

70.27

Monogramme du type *Abg* terminé en bas par une paire de bandelettes.

Agate blanche translucide. Dactylioïde. 12 × 16,8 × 16 mm.

Planche XXVI, 70.27

70.28

Monogramme du type *Abg* terminé en bas par une paire de bandelettes. Au-dessus, quelques larges traits.

Agate blanche. Dactylioïde. 15 × 19,5 × 18,1 mm.

Planche XXVI, 70.28

70.29

Monogramme du type *Abg* terminé en bas par une paire de bandelettes. De part et d'autre, un croissant.

Agate. Dactylioïde. 10,9 × 15,5 × 15,2 mm.

Planche XXVI, 70.29

70.30 **5.78**

Monogramme du type *Abgb*.

Inscription pehlevie en écriture lapidaire de 4 à 6 h.:

l'styḥy TB
«La droiture est bonne»

Agate. Dactylioïde. 13,6 × 18,4 × 13,8 mm.
CII, pl. XXXVI, 48.

Planche XXVI, 70.30

70.31

Monogramme du type *Abgb.*

Calcédoine. Dactylioïde. 9,7 × 13,5 × 13 mm.

Planche XXVI, 70.31

70.32 **2.39**

Monogramme du type *Abgbd* au-dessus d'une paire de bandelettes. A gauche, un croissant, et à droite, une étoile à six branches. Au-dessus (dans *A*) une croix simple.

Inscription pehlevie en écriture lapidaire de 3 à 8 h.:
[... k] ZY mgw
«..., mage»

Calcédoine. Ellipsoïde. 13,9 × 18 × 13,5 mm.
CII, pl. XXXV, 44.

Planche XXVII, 70.32

70.33 **5.79**

Monogramme du type *Abgd* (au-dessus d'une paire d'ailes?).
A gauche, une croix simple et à droite un croissant.

Inscription pehlevie en écriture lapidaire de 4 à 8 h.:
l'st[y]ḥyy'
«Droitement»

Jaspe. Dactylioïde. 12,4 × 16,3 × 15,4 mm.

Planche XXVII, 70.33

70.34

Monogramme du type *Abgd.*
Dans le champ, à gauche une étoile à six branches, et à droite un croissant. Dans *A*, une étoile à six branches.

Agate. Dactylioïde. 3,4 × 19,1 × 18 mm.

Planche XXVII, 70.34

70.35

Monogramme du type *Abf* au-dessus d'une paire de bandelettes.
De 9 à 3 h. un arc de traits s'appuyant sur les bandelettes.

Agate-cornaline. Ellipsoïde décoré (type I) 12,9 × 15 × 8,5 mm.

Planche XXVII, 70.35

70.36 **4.27**

Monogramme du type *Abf* au-dessus d'une paire d'ailes et d'une paire de bandelettes.

Inscription pehlevie en écriture lapidaire de 3 à 9 h.:
'(lz)wky l'sty
«(Ārzōg), droit»

Calcédoine. Dactylioïde. 12,3 × 16 × 14 mm.

Planche XXVII, 70.36

70.37 **3.104**

Monogramme du type *Abfb*.

Inscription pehlevie en écriture lapidaire de 4 à 1 h.:
d'tplḥw
«Dād-Farrox»

Agate blanche. Dactylioïde. 11,8 × 15,5 × 15,5 mm.
CII, pl. XXXV, 39.

Planche XXVII, 70.37

70.38 **2.40**

Monogramme du type *Abh*.

Inscription pehlevie en écriture lapidaire de 5 à 7 h.:
'twr'wḥrmzd ZY mgw (ZY) 'm[.]'l'n
«Ādur-Ohrmazd, mage, fils de ...»

Jaspe fleuri. Ellipsoïde. 17,4 × 21,2 × 14,8 mm.
CII, pl. XXXIII, 27.

Planche XXVII, 70.38

70.39

Monogramme du type *Abh*. A droite, un croissant.

Planche XXVII, 70.39

70.40 **5.80**

Monogramme du type *Abl* au-dessus d'une paire de bandelettes.
Dans le champ, à gauche, un croissant et, à droite, une étoile à six branches.

Inscription pehlevie en écriture cursive de 10 à 11 h. :
probablement : nyw' (mal gravé en positif)
«Bon»

Calcédoine blanche. Ellipsoïde. 16,6 × 19,9 × 15,1 mm.
CII, pl. XXXIV, 28.

Planche XXVII, 70.40

70.41

Monogramme du type *Abl*. Autour, quelques globes sur le pourtour.

Agate-cornaline. Dactylioïde. 8,5 × 10,9 × 9,2 mm.

Planche XXVII, 70.41

70.42

Monogramme du type *Abk*.

Hématite. Dactylioïde. 10,7 × 13,1 × 11,9 mm.

Planche XXVII, 70.42

70.43

Monogramme du type *Abk*. Sur le pourtour, de 1 à 11 h., une «ligne à aiguilles».

Cornaline. Dactylioïde. 8,1 × 10,7 × 9,3 mm.

Planche XXVII, 70.43

70.44

Monogramme du type *Abp*. Tout autour, un large cercle à traits.

Jaspe vert. Dactylioïde. 12,7 × 16,8 × 15,7 mm.

Planche XXVII, 70.44

70.45

Monogramme du type *Abq*. Autour quelques larges traits.

Cornaline. Dactylioïde. 7,9 × 10 × 8,3 mm.

Planche XXVII, 70.45

70.46

Monogramme du type (*Akq?*). Quelques larges traits sur le pourtour supérieur.

Cornaline. Dactylioïde. 8,4 × 10,5 × 9,3 mm.

Planche XXVII, 70.46

70.47 **5.81**

Monogramme du type *Akc*.

Inscription pehlevie en écriture lapidaire de 4 à 8 h.:
l'styḥy
«Droiture»

Agate. Ellipsoïde. 13,9 × 17 × 10,3 mm.

Planche XXVII, 70.47

70.48 **4.28**

Monogramme du type *Akcj*.

Inscription pehlevie en écriture lapidaire de 3 à 9 h.:
mzdky l'sty
«Mazdak, droit»

Cornaline. Dactylioïde. 16 × 19,8 × 11,4 mm.
CII, pl. XXXVI, 49.

Planche XXVII, 70.48

70.49 **2.41**

Monogramme du type *Akf*. Dans le champ, à gauche, une étoile ou une simple croix(?) et à droite, un croissant.

Inscription pehlevie en écriture lapidaire de 3 à 3 h.(?):
...ḥ...mdym'ḥy ZY mgw ZY ...
«...-Māh, mage, (fils de ...)»

Cornaline. Ellipsoïde décoré (type III). 16,7 × 22,6 × 15,5 mm.
CII, pl. XXXV, 41.

Planche XXVII, 70.49

70.50 **3.105**

Monogramme *Azf*.

Inscription pehlevie en écriture lapidaire de 3 à 9 h.:

gwšnwdp (pour gwšnsp?)
«Gušnasp»

Calcédoine(?). Dactylioïde. 11 × 15,6 × 15,3 mm.
CII, pl. XXXVI, 46.

Planche XXVII, 70.50

70.51

Monogramme du type *Azf.*

Calcédoine. Dactylioïde. 14,1 × 17,4 × 17 mm.

Planche XXVII, 70.51

70.52

Monogramme du type *Ayf.*

Cornaline. Ellipsoïde. 8,7 × 10,1 × 7,8 mm.

Planche XXVII, 70.52

70.53

Monogramme du type *Ag* au-dessus d'une paire de bandelettes.
En *A* une étoile à six branches.

Jaspe vert. Dactylioïde. 10,8 × 14,1 × 12,4 mm.

Planche XXVI, 70.53

70.54 **3.106**

Monogramme du type *Afb.*

Inscription pehlevie en écriture cursive de 3 à 8 h.:
d'tgwšnsp' (d't est gravé en positif par erreur)
«Dād-Gušnasp»

Calcédoine. Dactylioïde. 9,1 × 13 × 12,7 mm.
CII, pl. XXXVI, 50.

Planche XXVII, 70.54

70.55 **3.107**

Monogramme du type *Afbk.*

Inscription pehlevie en écriture cursive de 3 à 9 h.:
'twrp't
«Ādur-bād»

Agate. Dactylioïde. 11,2 × 15 × 15 mm.
CII, pl. XXXIV, 36.

Planche XXVII, 70.55

70.56 **3.108**

Monogramme du type *Afbk*. Dans le champ, à gauche, un croissant et à droite, une étoile à six branches.

Inscription pehlevie en écriture cursive de 4 à 12 h.:
yzd'np't'
«Yazdān-bād»

Calcédoine. Dactylioïde. 13,9 × 18,9 × 18,6 mm.
CII, pl. XXXIV, 30.

Planche XXVII, 70.56

70.57

Monogramme du type *Afbk*.
Cristal de roche? Ellipsoïde décoré (varia VII). 11,1 × 12,7 × 10,8 mm.

Planche XXVII, 70.57

70.58 **4.29**

Monogramme du type *Afbd*.

Inscription pehlevie en écriture cursive de 11 à 3 h.:
'twrwlḥl(')n ŠRM
«Ādur-Vahrām, paix!»

Agate(?) brûlée. Dactylioïde. 11,3 × 15,3 × 15 mm.

Planche XXVIII, 70.58

70.59 **3.109**

Monogramme du type *Aefhf*.

Inscription pehlevie en écriture cursive de 11 à 7 h.:
plḥwbwt'
«Farrox-būd»

Calcédoine. Dactylioïde. 11,3 × 16,2 × 16,2 mm.
CII, pl. XXXV, 40.

Planche XXVIII, 70.59

70.60

Monogramme du type *Aeg* au-dessus d'une paire de bandelettes.
Quelques traits sur le pourtour supérieur.

Agate blanche. Dactylioïde. 1,1 × 14,6 × 13,3 mm.

Planche XXVIII, 70.60

70.61

Monogramme du type *Adn*.

Calcédoine. Ellipsoïde. 11,7 × 13,5 × 8,3 mm.

Planche XXVIII, 70.61

70.62

Monogramme du type *Adgm* au-dessus d'une paire de bandelettes.
Dans *A*, une étoile à six branches.

Calcédoine. Dactylioïde. 12,5 × 17,4 × 16,9 mm.

Planche XXVIII, 70.62

70.63

Monogramme du type *Adg* au-dessus d'une paire de bandelettes.
Dans *A* une boule.

Agate(?) brûlée. Dactylioïde. 12,9 × 17,3 × 16,4 mm.

Planche XXVIII, 70.63

70.64 **5.82**

Monogramme du type *Adbm*.

Inscription pehlevie en écriture cursive:
'pst'm 'y'
«Confiance ...»

Agate. Dactylioïde. 16,3 × 20,9 × 20,1 mm.
CII, pl. XXXVI, 47.

Planche XXVIII, 70.64

70.65 **3.110**

Monogramme du type *Augb*. Dans le champ, à droite, un croissant.

Inscription pehlevie en écriture cursive de 11 à 5 h.:

plḥw'bwt'

«Farrox-būd»

Grenat almandin. Cabochon plan. 3,2 × 12,7 × 12,1 mm.

Planche XXVIII, 70.65

70.66 **4.30**

Monogramme du type *Ar*.

Inscription pehlevie en écriture cursive de 4 à 6 h.:
(gravée en positif)

mtr'twrplnbg Y 'nyw[...] Y PWN 't[wrst'n?]

«Mihr-Ādur-Farrbay, fils de ..., qui (est) (au temple du feu?)»

Agate. Dactylioïde. 22,6 × 31,7 × 30,6 mm.

Planche XXVIII, 70.66

70.67 **5.83**

Monogramme du type *Ar* au-dessus d'une ligne horizontale. Au-dessus, dans *A* une croix simple.

Inscription pehlevie en écriture cursive de 5 à 3 h.:

nyw'

«Bon»

Calcédoine. Ellipsoïde. 12 × 15,4 × 13 mm.

Planche XXVIII, 70.67

70.68 **4.31**

Monogramme du type *Ar*.

Inscription pehlevie en écriture lapidaire de 11 à 1 h.:

'ykwky l'sty

«Ēkōg (?), droit» (‹*aiva-ka-uka-?, «unique»)

Hématite? Dactylioïde (annulaire). 12,3 × 15,6 × 13,2 mm.

Planche XXVIII, 70.68

70.69 **3.111**

Monogramme du type *Atf* au-dessus d'une paire de bandelettes. A 10 h., une étoile à six branches.

Inscription pehlevie en écriture cursive de 2 à 11 h.:
wlḥl'n
«Vahrām»

Agate. Dactylioïde. 14,8 × 19 × 18,6 mm.

Planche XXVIII, 70.69

70.70

Monogramme du type *Ask*. Dans le champ à 8 h., une étoile à six branches, à 4 h., un croissant.

Calcédoine. Dactylioïde. 10,6 × 13,8 × 11,4 mm.

Planche XXVIII, 70.70

70.71 **6.45**

Monogramme du type *Arg* terminé en bas par une paire de bandelettes. De part et d'autre, un croissant.

Inscription pehlevie en écriture lapidaire de 1 à 10 h.:
'ts (graphie défectueuse pour *'twr*, Ādur?)

Agate. Dactylioïde. 18,3 × 23,4 × 19,2 mm.

Planche XXVIII, 70.71

70.72 **3.112**

Monogramme du type *Arh*. A gauche, sur le pourtour, une branche suivie d'une étoile à six branches et un croissant, suivi de l'inscription pehlevie en écriture lapidaire de 7 à 2 h.:
'twlplnbg
«Ādur-Farrbay»

Agate. Dactylioïde. 16,8 × 20,7 × 18,9 mm.

Planche XXVIII, 70.72

70.73

Monogramme du type *Avh*.

Agate. Dactylioïde. 12,8 × 17 × 15,3 mm.

Planche XXVIII, 70.73

70.74 **3.113**

Monogramme du type *Awh* terminé en bas par une paire de bandelettes accrochées par des «maillons».

Inscription pehlevie en écriture cursive de 7 à 5 h.:

'nwšwy
«Anōšōy»

Agate. Dactylioïde. 15,7 × 20,3 × 20,3 mm.

Planche XXVIII, 70.74

*b. Type D-**

70.75

Monogramme du type *Dbc* au-dessus d'une paire de bandelettes. Sur le pourtour supérieur de larges traits.

Agate. Dactylioïde 11,1 × 14,6 × 13,3 mm.

Planche XXIX, 70.75

70.76

Monogramme du type *Dbcj* en-dessous d'une paire de bandelettes.

Jaspe vert. Dactylioïde. 12,7 × 16 × 15,2 mm.

Planche XXIX, 70.76

70.77

Monogramme du type *Dbd*. Autour quelques signes pseudo-épigraphiques(?)

Jaspe vert. Dactylioïde. 12,7 × 16,8 × 15,7 mm.

Planche XXIX, 70.77

70.78

Monogramme du type *Dbg* au-dessus d'une paire de bandelettes.

Cornaline. Dactylioïde segmentaire. 9,6 × 15,4 × 14,8 mm.

Planche XXIX, 70.78

70.79

Monogramme du type *Dd*. Autour quelques larges traits.

Hématite. Dactylioïde. 11 × 14,2 × 13,9 mm.

Planche XXIX, 70.79

* Pour la classification des monogrammes, voir les tableaux p. 188-189.

70.80

Monogramme du type *De* au-dessus d'une paire d'ailes. Sur le pourtour supérieur à gauche et à droite deux larges traits.

Jaspe vert. Dactylioïde. 11,3 × 15,2 × 14,7 mm.

Planche XXIX, 70.80

70.81

Monogramme du type *Dgj*. Autour quelques traits.

Hématite. Forme exceptionnelle: dactylioïde ou cône. 15 × 13,7 × 13 mm.

Planche XXIX, 70.81

70.82

Monogramme du type *Dgj*. Dans le champ à 10 h. et 2 h. un croissant. Autour un large cercle de traits.

Hématite. Dactylioïde. 14,2 × 17,3 × 17,3 mm.

Planche XXIX, 70.82

70.83

Monogramme du type *Dgj*. Sur le pourtour quelques larges traits.

Hématite. Dactylioïde. 11 × 15,2 × 14,5 mm.

Planche XXIX, 70.83

70.84

Monogramme du type *Dgj*. Dans le champ, à 9 h., une étoile à six branches, à 3 h., un croissant.

Jaspe vert. Dactylioïde. 11,2 × 15 × 13,2 mm.

Planche XXIX, 70.84

70.85

Monogramme du type *Dza*.

Jaspe gris(?). Dactylioïde (assez abimé sur le côté). 11,4 × 14,7 × (13) mm.

Planche XXIX, 70.85

70.86

Monogramme du type *Dfb*(*p*?). Dans le champ à 10 h. deux traits en forme de V, et à 2 h. un croissant.

Agate-calcédoine. Dactylioïde. 9,9 × 13,5 × 13,3 mm.

Planche XXIX, 70.86

*c. Type B-**

70.87

Monogramme du type *Bbj* au-dessus d'une paire de bandelettes. Sur le pourtour un bord d'«aiguilles».

Agate(?)-cornaline. Ellipsoïde perforée dans le sens de la figuration. 9 × 10,9 × 8,8 mm.

Planche XXIX, 70.87

70.88 **6.46**

Monogramme du type *Bbb* au-dessus d'une paire d'ailes.

Inscription pehlevie en écriture lapidaire de 3 à 9 h.:
lyty'nyl? (le premier *l* est écrit à l'envers)

Agate (brûlée). Dactylioïde suspendu à un anneau. 14,8 × 19,7 × 18,8 mm.
CII, pl. XXXIII, 24.

Planche XXIX, 70.88

d. Autres types

70.89 **3.114**

Monogramme.
Dans le champ, à 8 h., une étoile à six branches, et à 4 h., un croissant.

Inscription pehlevie en écriture lapidaire de 12 à 12 h.:
ZNH mwdly LY pl[y]dy ZY špk'n
«Ce sceau (est) à moi, Friy, fils de Šabag»

Agate translucide. Chaton convexe à biseau évasé. 3,6 × 18,8 × 12,9 mm.
CII, pl. XXXVI, 53.

Planche XXIX, 70.89

70.90 **3.115**

Monogramme.

Inscription pehlevie en écriture cursive de 11 à 11 h.:
'twr'wḥr[mzd] Y d'tgwšnsp'n
«Ādur-Ohrmazd, fils de Dād-Gušnasp»

* Pour la classification des monogrammes, voir les tableaux p. 188-189.

Grenat almandin. Cabochon plan. 3,5 × 12 × 12 mm.

Planche XXIX, 70.90

B. *Compositions asymétriques*

70.91

Monogramme du type *Ab* et une boucle.

Métal. Ellipsoïde. 9,8 × 12,5 × 9,7 mm.

Planche XXIX, 70.91

70.92

Monogramme commençant et se terminant par un élément de la série *A*, au milieu une sorte de S couché.
Sur le pourtour, quelques traits.

Cornaline. Dactylioïde. 7,7 × 10,1 × 8,8 mm.

Planche XXIX, 70.92

70.93 **2.42**

Monogramme.

Inscription pehlevie en écriture lapidaire de 6 à 9 h.:
mytwm'ḥ ZY mgw
«Mēdōmāh, mage»

Sardoine. Dactylioïde. 10,2 × 13,2 × 12,3 mm.

Planche XXIX, 70.93

70.94 **2.43**

Monogramme.

Inscription pehlevie en écriture lapidaire de 4 à 5 h., terminée par deux cercles:
d't't(w)lprnbg ZY mgw ⟨ZY⟩'twld'l'n
«Dād-Ādur-Farrbay, mage, fils d'Ādur-dār»

Calcédoine. Dactylioïde. 13,4 × 18,3 × 17,6 mm.
CII, pl. XXXIII, 25.

Planche XXIX, 70.94

70.95

Monogramme(?).

Grenat. Cabochon plan. 2,7 × 11,2 × 9,6 mm.
CII, pl. XXXIII, 19.

Planche XXX, 70.95

70.96 **5.84**

Monogramme.

Inscription pehlevie en écriture cursive de 11 à 8 h.:

plḥw'

«Farrox» ou «Prospère!»

Calcédoine. Ellipsoïde annulaire. 13,8 × 16 × 13,8 mm.
CII, pl. XXXV, 43.

Planche XXX, 70.96

70.97 **3.116**

Monogramme.

Inscription pehlevie en écriture cursive de 5 à 10 h.:

'twrplnbg

«Ādur-Farrbay»

Calcédoine. Dactylioïde. 13,4 × 17,9 × 17,3 mm.
CII, pl. XXXV, 45.

Planche XXX, 70.97

C. *Monogrammes à lettres*

70.98 **6.47**

Monogramme au-dessus d'une paire d'ailes.

Inscription pehlevie en écriture lapidaire de 3 à 9 h.:

'ps yy' ny

Peut-être abréviation pour *'pst'n 'L yzd'n.*

Agate. Dactylioïde. 15,5 × 19,7 × 18,4 mm.

Planche XXX, 70.98

70.99 **3.117**

Monogramme.

Inscription pehlevie en écriture cursive de 2 à 10 h.:

mn'd't

«Man-dād» (⟨*manah-dāta-)

Calcédoine. Dactylioïde. 12,1 × 16,7 × 16,1 mm.
CII, pl. XXXIV, 31.

Planche XXX, 70.99

70.100 **5.85**

Monogramme.

Inscription pehlevie en écriture lapidaire de 11 à 1 h.:
'pst'n ʿL yzd'n
«Confiance en les dieux»

Agate. Ellipsoïde. 19,7 × 24,4 × 16,6 mm.

Planche XXX, 70.100

70.101 **3.118**

Monogramme qu'on pourrait lire comme *'twk*, «Ādūg» (n.pr.m.)

Cornaline (brûlée). Ellipsoïde décoré (type III). 16,8 × 21,7 × 13,3 mm.

Planche XXX, 70.101

70.102 **4.32**

Monogramme.

Inscription pehlevie en écriture lapidaire de 5 à 6 h.:
d'tgwšm ZY mnctl'n 'pst'n ʿL yzd'n
«Dād-Gušm, fils de Man-čihr, confiance en les dieux»

Jaspe fleuri. Chaton à double biseau serti dans une bague. 19 × 16,4 mm.
CII, pl. XXXVI, 51.

Planche XXX, 70.102

70.103 **2.44**

Monogramme. A gauche, un croissant, et à droite, une étoile à six branches.

Inscription pehlevie en écriture cursive de 5 à 8 h.:
ḥw[lšy ?]tm'ḥ Y mgw Y [.m](ḥ) gwšnsp'n
«Xvaršēd-Māh, mage, fils de ...-Gušnasp»

Calcédoine. Dactylioïde. 20,7 × 27,5 × 26,8 mm.
CII, pl. XXXIII, 26.

Planche XXX, 70.103

70.104 **3.119**

Monogramme.
Dans le champ, à gauche, une étoile à six branches et à droite, un croissant.

Inscription en écriture cursive de 3 à 1 h.:
b'pk'
«Bābag»

Calcédoine. Dactylioïde. 12,8 × 18,1 × 17,8 mm.

Planche XXX, 70.104

70.105 **4.33**

Monogramme.

Inscription pehlevie en écriture cursive de 5 à 5 h.:
m'ḥd'tgwšnsp' 'pzwn' W plḥwyḥ
«Māh-dād-Gušnasp, croissance et prospérité»

Grenat. Cabochon plan. 3,2 × 13,7 × 13,7 mm.

Planche XXX, 70.105

70.106 **3.120**

Monogramme.
Dans le champ, à droite (3 h.), un croissant.

Inscription pehlevie en écriture cursive de 11 à 8 h.:
mltbwt'
«Mard-būd»

Agate. Dactylioïde. 9 × 12,4 × 12,4 mm.
CII, pl. XXXV, 42.

Planche XXX, 70.106

70.107 **5.86**

Monogramme.

Inscription pehlevie en écriture lapidaire de 10 à 11 h.:
l'styḥy TB (B est écrit Y)
«La droiture est bonne»

Cornaline brûlée. Cabochon plan à biseau resserré. 2,8 × 10,8 × 9,8 mm.
CII, pl. XXXVI, 54.

Planche XXX, 70.107

70.108 **2.45**

Monogramme.
Dans le champ (à 9 h.) une étoile à six branches.

Inscription pehlevie en écriture lapidaire de 8 à 4 h. dans le sens des aiguilles d'une montre :

'twrprnbg ZY mgw ⟨ZY⟩ tḥm'n(bw)

et de 3 à 4 h. en deuxième ligne

ḥt
«Ādur-Farrbay, mage, fils de Tahmān-bōxt»
NB. Lire -*(dw)ḥt* semble possible également.

Calcédoine. Dactylioïde. 10,2 × 14,7 × 14,7 mm.
CII, pl. XXXIV, 34.

Planche XXX, 70.108

70.109 **2.46**

Monogramme dont la composition de lettres peut se lire šḥpwḥr.

Inscription pehlevie en écriture lapidaire de 5 à 7 h.:
šḥpwḥry mgw nlskn
«Šābuhr, mage, fils de Narsak»

Agate. Dactylioïde. 10,9 × 13,6 × 13,3 mm.

Planche XXX, 70.109

70.110 **5.87**

Monogramme qui pourrait être lu comme YWM.

Inscription pehlevie en écriture lapidaire de 4 à 7 h.:
YWM Š⟨P⟩YL YḤWWNš
«Sois fortuné!»

Grenat. Chaton à biseau resserré. 3,8 × 15,2 × 13,4 mm.

Planche XXX, 70.110

70.111 **6.48**

Monogramme.

Inscription pehlevie en écriture lapidaire, très détériorée, illisible.

Calcédoine. Ellipsoïde décoré (type I3). 19,4 × 23,6 × 15,4 mm.

Planche XXX, 70.111

APPENDICE I

Glossaire

1. Pehlevi

'[...]'wnty ?: 6.18
'[...]b'(y)?: 6.18
'bwlsm *Abursām* n.pr.m.: 1.16
'byd'tm 'souvenir de moi' (avec ʿḤDWN): 1.27
'ḤLydy *pasiy* 'subalterne, humble': 6.18
'ḥmt'n *Hamadān* n.d.l.: 1.1
['](l)t' *Ardā* n.pr.m.: 6.36
'ltbndk' *Ard-bandag* n.pr.m.: 1.21
'ltḥštl⟨G⟩DH *Ardaxšīr-Xvarrah* n.d.l.: 1.6
'lwp' *Āluh* n.d.l.: 1.4
'(lz)wky (*Arzōg*) n.pr.m.: 4.27
'm[.]'l'n 'fils de A...': 2.40
'm'lkly 'trésorier': 1.1; 1.2 — *'ym'lkly*
'm'lyd'y Āmāriyā(?) n.pr.m.: 3.29
'nc'n n.d.l.?: 1.15
'NH *az* «moi, je»: 3.14
'nḥy?: 6.14
'nwšd't *Anōš-dād* n.pr.m.: 2.33
'nwšwy *Anōšōy* n.pr.m.: 3.113
'nyw[...] 'fils de ...': 4.30
'plstyḥy 'élévation': 5.64
'plštl *Abaršahr* n.d.l.: 1.10
'pst'm 'confiance': 5.59, 5.82
'pst'n 'confiance': 1.12 — [']*pst'n*, 1.13, 4.2, 4.3, 4.4 — *'pst'n(y)*, 4.7, 4.10, 4.11, 4.12, 4.17, 4.18, 4.20, 4.24 — *'ps*[*t'n*], 4.32, 5.1 — *'pyst'n*, 5.3, 5.4, 5.8, 5.9, 5.10 — *'pstn'*, 5.13, 5.15, 5.16 — *'pstst'n*, 5.17, 5.19, 5.20, 5.21, 5.22, 5.23, 5.26, 5.28, 5.30, 5.32 — *'pst*, 5.40, 5.41, 5.42, 5.43, 5.47, 5.48, 5.53 — *'p'nstyy*, 5.55, 5.56, 5.57 — *'pst'nw*, 5.62 — [*'p*]*st'n*, 5.64 — *('p)'st'n*, 5.67, 5.68 — *'(p)st'n*, 5.75, 5.76, 5.77, 5.85, 5.89 — *'pst*[*'n?*], 6.30 — *('ps)t'*.
'pstyḥt?: 6.38
'pšlcky *Afš-razag* n.pr.m.: 3.83
'pt(s)'n[m?] '(j'ai) confiance': 5.60
'pwdy *Ābōy* n.pr.m.: 3.7
'pwḥrt *Abē-xrad* n.pr.m.: 3.69
'pyš(w)d'n 'fils d'*Abē-šōy*(?)' n.pr.m.: 3.50
'pz'ḥy'y 'avec accroissement': 5.3
'pz'l 'puissance': 1.32
'pzlkwpy?: 4.24

'pzwn' 'croissance': 1.2, 1.28, 1.30, 1.31, 4.19, 4.33, 2.17 — *'pzw[n']*, 5.6, 5.31 — *'pzyn*, 5.44, 5.51, 6.10 — *('pzwn?)*, 6.43 — *('pzwn?)*.
'pzwt' 'croissance': 1.11
'pzwtšḥpwḥry *Abzūd-Šābuhr* n.pr.m.: 3.26
['r?]tds *Ard-..* n.pr.m.: 2.31
'rtḥštr *Ardaxšīr* n.pr.m.: 3.19
'rt'ḥštl'n 'fils d'*Ardaxšīr*' n.pr.m.: 1.16
'sb'l 'cavalier': 1.12
'sm'n 'cieux': 1.26
'spl'sw *Asp-rāh*(?) n.d.l.: 1.10
'štlyt *Ašahrid*(?) n.pr.m.: 3.81
'tḥšy 'feu': 4.24
't[l]wp't *Ādur-bād* n.pr.m.: 2.36. Cf. *'twlpt*, *'twrp't*.
't(l)wp[l?]ḥw *Ādur-Farrox* n.pr.m.: 3.65
'ts (pour *'twr*?): 6.45
'twk *Ādūg* n.pr.m.: 3.118
'twkn 'fils d'*Ādūg*' n.pr.m.: 3.22
'twl'wḥlmzd'n 'fils d'*Ādur-Ohrmazd*' n.pr.m.: 2.29
'twl'wḥrmzdy *Ādur-Ohrmazd* n.pr.m.: 2.9; 2.29 — *['t]wl'wḥ[l]mzd*. Cf. *'twr'wḥrmzd*.
[']twlbwndk'n 'fils d'*Ādur-bandag*' n.pr.m.: 2.25
'twld'l'n 'fils d'*Ādur-dār*' n.pr.m.: 2.43
'twlplckly *Ādur-Frazgar* n.pr.m.: 3.21
'twlplnbg *Ādur-Farrbay* n.pr.m.: 3.112. Cf. *'twrplnbg*.
'twlpt *Ādur-bed* n.pr.m.: 6.41—*'{p}twlpt*. Cf. *'tlwp't*, *'twrp't*.
'twlsybwḥty *Ādur-Sēbōxt* n.pr.m.: 3.15
'twr'ltk' *Ādur-Ardag* n.pr.m.: 2.22
't(w)r'ngwšnspy *Ādurān-Gušnasp* n.pr.m.: 3.84
'twr'wḥrmzd *Ādur-Ohrmazd* n.pr.m.: 2.40, 3.85, 3.103 — *'twr'⟨w⟩ḥrmzd*, 3.115 — *'twr'wḥr-[mzd]*. Cf. *'twl'wḥrmzdy*.
'twr'wḥrmzd'n 'fils d'*Ādur-Ohrmazd*' n.pr.m.: 2.24
'twrp't *Ādur-bād* n.pr.m.: 3.52, 3.107, 6.29—*(')wrp't'*.
'twrp't'n 'fils d'*Ādur-bād*' n.pr.m.: 2.23,3.52
'twrplnbg *Ādur-Farrbay* n.pr.m.: 2.12, 3.116. Cf. *'twlplnbg*.
'twrprnbg *Ādur-Farrbay* n.pr.m.: 2.45. Cf. *'twlplnbg*.
't[wrst'n?] «temple du feu»: 4.30
'twrwlḥl(')n *Ādur-Vahrām* n.pr.m.: 4.29
'twry (écrit *'tšy*) *Ādur* (dieu du feu): 5.74
'twryslwky *Ādur-Selūk* n.pr.m.: 4.15
'twry(y) *Ādur* (dieu ou n.pr.m.?): 1.14
'wcyny *Ōzēn* n.pr.m.: 3.41
'wḥlmzdy *Ohrmazd* n.pr.m.: 3.76
'wḥrmzd *Ohrmazd* n.pr.m.: 2.25
'wlbr ? n.d.l.: 1.5
'wst'nd[']l *ōstāndār* (titre): 1.3
'wšḥwt'dy *Ōš-Xvadāy* n.pr.m.: 3.33
'yb particule (optatif): 5.24. Cf. *'yw*.
'yd't (pour **'byd't*) 'souvenir': 5.29
'YK *kū* 'que': 6.18
'ykwky *Ēkōg*(?) n.pr.m.: 4.31
'yl'nn['n?]bwdy *Ērān-... bōy* n.pr.m.: 3.91

'ylpty *Ēkōg*(?) n.pr.m.: 4.31
'yl'nn ['n?]bwdy *Ērān-... bōy* n.pr.m.: 3.91
'ylpty *Ērbed* n.pr.m.: 6.18
'yw particule (optatif): 5.29. Cf. *'yb*.
'z'tmlt' *Āzād-mard* n.pr.m.: 2.34
'(z't)' 'noble': 2.21
'ḤDWN *gīr* (+*ayād*) 'souviens-toi': 1.27
'L *ō* 'à; vers': 1.13, 4.2, 4.3, 4.7, 4.10, 4.11, 4.12, 4.17, 4.18, 4.20, 4.24 — [*'L*], 4.32, 5.4 — (*'L*), 5.8, 5.9, 5.13 — *YL*, 5.15, 5.16 — *YY*, 5.17, 5.19, 5.20, 5.21, 5.22, 5.23, 5.26, 5.30, 5.32 — (*L*), 5.40, 5.41, 5.42, 5.43, 5.48, 5.49, 5.55, 5.57, 5.59, 5.62 — *YY*, 5.64, 5.67, 5.74, 5.75 — *YY*, 5.76, 5.77, 5.85, 6.18
b'lycky *Bārēzag* n.pr.m.: 3.26
b'pbg *Bāb-Bay* n.pr.m.: 2.33
b'p(ḥwšk') *Bāb-Xvašag* n.pr.m.: 3.67
b'pk' *Bābag* n.pr.m.: 1.11 — *b'p(k)* 3.119
b'py *Bāb* n.pr.m.: 4.25
b'pydy *Bābiy* n.pr.m.: 4.3
bcky 'péché': 1.26
bgy['t]wrplnbg *Bay-Ādur-Farrbay* n.pr.m.: 2.14
blḥyšwdy *Bar-Išō(y)* n.pr.m.: 4.2
BRH *pus* 'fils': 3.28, 3.64, 4.2, 4.9
bwcy 'sauve, délivre!': 1.26
bwcyty *Bōzīd* n.pr.m.: 2.15
...bwḥt *...-bōxt* n.pr.m.: 1.24
bwḥtlwb'nwlḥl['n] *Bōxt-ruvān-Vahrām* n.pr.m.: 4.16
bwḥtm' *Bōxt-Mā(h)* n.pr.m.: 1.13
b[wl]c['...] *Burz-...* n.pr.m.: 3.37
bwlc'wndy *Burzāvand* n.pr.m.: 3.121
bwlcgwšnspy *Burz-Gušnasp* n.pr.m.: 2.38
bwlcmtlgwšnspy *Burz-Mihr-Gušnasp* n.pr.m.: 3.48
bwlcmtly *Burz-Mihr* n.pr.m.: 4.12
b[wl]cwy *Burzōy* n.pr.m.: 3.35
bylcn'hyty *Burz-Anāhīd* n.pr.m.?: 3.17
b...yn['n] 'fils de *B...ēn*' n.pr.m.: 3.35
bwlcyn'n 'fils de *Burzēn*' n.pr.m.: 2.27
bwr'ts(l)m'n 'fils de *Bōrād-(Sarm)* n.pr.m.: 2.18
BYN *andar* 'parmi': 1.25, 6.18
cy (pour *yzd*?): 4.7
[...]d'šy?: 3.23
d'(t)' *Dād* n.pr.m.: 3.88
d't't(w)lprnbg *Dād-Ādur-Farrbay* n.pr.m.: 2.43
d't'wḥlmzd *Dād-Ohrmazd* n.pr.m.: 2.5, 3.32 — *d't'wḥrm*[*zd*].
d't'wḥrmzd'n 'fils de *Dād-Ohrmazd*' n.pr.m.: 2.22
d'tgwšm *Dād-Gušm* n.pr.m.: 4.32
d'tgwšnsp' *Dād-Gušnasp* n.pr.m.: 3.87, 3.106
d'[tgw?]šspy *Dād-Gušasp* n.pr.m.: 3.92
d'tgwšnsp'n 'fils de *Dād-Gušnasp*' n.pr.m.: 3.115
d'tplḥw' *Dād-Farrox* n.pr.m.: 2.13, 3.104 — *d'tplḥw*.
d'twd *Dādōy* n.pr.m.: 3.8
(d)'[tyn?] *Dādēn* n.pr.m.: 2.7

dḥky 'sceau?': 3.121
dpyy (pour *dpyr*) 'scribe': 2.47
dt'twld'l'dy *Dād-Ādur-Dārāy* n.pr.m.: 3.12
dwḥt'mlt *Duxt-mard* n.pr.f.(?): 3.56
[dw]ḥtyk'lḥ *Duxt-Kārx*(?) n.pr.f.(?): 3.11
dwstkn 'fils de *Dōstag*' n.pr.m.: 3.80
dwšmn 'ennemi': 1.25
dycḥlyt'n 'fils de *Dičihrid*' n.pr.m.: 3.2
dydyny *Dīdēm*(?) n.pr.m.: 4.20
dyn'wḥrmzd *Dēn-Ohrmazd* n.pr.m.: 3.61
(g)'nydyly? n.pr.m.?: 3.82
gwb'l'n *Gōvārān* n.pr.m.: 2.21
gwbl *Gōr*(?) n.d.l.: 1.6
gwky *Gōk* n.pr.m.: 4.5
gwk'n 'fils de *Gōk*' n.pr.m.: 3.99
gw[...]k' *G...k* n.pr.m.: 2.16
(gwr') (*Gōr*) n.pr.m.: 2.35
...gwšnspy ...*-Gušnasp* n.pr.m.: 6.13
gwšnspy *Gušnasp* n.pr.m.: 3.105 — *gwšnwdp*, 4.21, 6.28 — (*gwšnsp*).
gwšnsp'n 'fils de *Gušnasp*' n.pr.m.: 3.38
gwšnyn' *Gušnēn* n.pr.m.: 3.62
gwštsp *Guštasp* n.pr.m.: 3.55
gyl abréviation pour *gyl'n Gēlān* n.d.l.: 1.3
gy[l'n] *Gēlān* n.d.l.: 1.3
g/zytmḥy *Geh-Māh*(?) n.pr.m.: 3.6
ḥlgty? n.pr.m.: 4.2
..ḥ...mdym'ḥy ...*-Māh* n.pr.m.: 2.41
ḥpt *Haft* n.pr.m.: 1.17
ḥrtwyḥ *Xrad-veh* n.pr.m.: 3.49
ḥrtyzd't *Xrad-Yazd-dād* (ou *-Yazdād*) n.pr.m.: 4.4
ḥw'st'plw[yc](y)[ḥw]slwd *Xvāst-Abarvēz-Husrōy* n.d.l.:1.3
ḥwcyḥlwlḥl'n *Hucihr-Vahrām* n.pr.m.: 4.7
ḥwkly 'bienfaisant': 4.22
ḥwlk *Xvarag* n.pr.m.: 2.5
ḥwln' *Xvarin* n.pr.m.: 1.18
ḥw[lšy?]tm'ḥ *Xvaršēd-Māh* n.pr.m.: 2.44
ḥwm'twl'[n] 'fils de *Hōm-Ādur*' n.pr.m.: 3.40
ḥwlzmn *Xvarizmān*(?) n.pr.m.: 6.9
ḥwmkbgm'(y)bw[l]cmtr' *Hōmag-Bay-Mā(h)-Burzmihr* n.pr.m.: 3.64
ḥwmtly 'fidèle': 4.1, 4.16 — [*ḥw*]*mtly*.
ḥwmtlyḥy 'fidélité': 5.24 — *ḥ'wmtlyḥy*, 6.18 — *ḥwmtlyḥ*[y].
ḥwnyd'kwlḥl'n' *Huniyāg-Vahrām* n.pr.m.: 2.8
ḥwslwdm'd *Husrav-Māh* n.pr.m.: 3.75
ḥwt'd't *Xvadā-dād* n.pr.m.: 2.32
ḤY' *gyān* 'vie': 1.27
[ḥ]ylptdwḥty *Hērbed-duxt* n.pr.f.: 4.1
ḥynbry *Hēn-bar*(?) n.pr.m.: 3.74
ḤZYTN *vēn* 'regarde!': 5.46
klpkrny 'fille de *Kirbakkar*' n.pr.m.: 3.1
klpky '(bonne) action': 5.49

(k)rtyl *Kirdīr* n.pr.m.: 2.11
kšyš['] 'prêtre': 3.4
k[w]st' 'région': 1.4
l'mmtry *Rām-Mihr* n.pr.m.: 3.98
l's (pour *l'st*) 'droit, juste': 2.15, 5.12, 5.70 — *l'*[*s*].
l's'wḥlmzdy *Rāh-Ohrmāzd* n.pr.m.: 4.24
l'st 'droit, juste': 1.25, 4.15, 5.7, 5.50
l'stḥy 'droiture, justice': 4.21
l'sty 'droit, juste': 2.36, 4.5, 4.8, 4.13 — *l'st*[*y*], 4.14, 4.23, 4.25, 4.26 — ⟨*l*⟩*'styy*, 4.27, 4.28, 4.31, 5.22, 5.34, 5.35, 5.37, 5.45, 5.66 — [l]'sty.
l'styḥ 'droiture, justice': 5.18, 5.54
l'styḥy 'droiture, justice': 4.9, 5.2, 5.11, 5.25, 5.39, 5.58, 5.63, 5.69, 5.72, 5.78, 5.81, 5.86
l'st[y]ḥyy' 'droitement': 5.79
l'tyḥy 'générosité': 5.63
LK *tō* 'à toi': 1.26
lmyḥ'n *Rằmēhān* n.pr.m.: 4.7
lwb'n 'âme': 5.46
lwb'nt 'ton âme': 5.29
lwb'ntwspyl'n 'fils de *Ruvān-Tōs-pīr*(?)' n.pr.m.: 1.17
lwd['n] *Rōyān* n.d.l.: 1.8
lwtw'l *Rōdvār* n.d.l.: 1.8
LY *man* 'à moi': 3.114
lyty'nyl?: 6.46
lywmtly *Rēv-Mihr* n.pr.m.: 3.80
m'dwy *Mādōy* n.pr.m.: 3.68
m'ḥ *Māh* n.pr.m.: 2.37
m'ḥ'twrgwšnsp' *Māh-Ādur-Gušnasp* n.pr.m.: 3.78, 3.101
m['ḥ]'twr'gw[šnsp]'n 'fils de *Māh-Ādur-Gušnasp*' n.pr.m.: 3.37
m'ḥd'tgwšnsp' *Māh-dād-Gušnasp* n.pr.m.: 4.33
m'ḥgwšnsp' *Māh-Gušnasp* n.pr.m.: 3.38
m'ḥpl'dgw[šn]sp' *Māh-Frāy-Gušnasp* n.pr.m.: 2.8
m'ḥtyzd'n *Māhād-Yazdān* n.pr.m.: 3.10
m'ḥyz(d)y *Māh-Yazad* n.pr.m.: 3.57
m'ḥyzdy'n *Māh-Yazdān* n.pr.m.: 3.2
m'l'p't *Mār-ābād* n.pr.m.: 1.23
m'lspndy *Māraspand* n.pr.m.: 3.36
m'przy *Mābarz*(?) n.pr.m.: 3.25
mgw 'mage': 2.1, 2.4 — [*mgw*], 2.5 — *mg*, 2.8, 2.9, 2.10, 2.11, 2.12, 2.13, 2.14, 2.15, 2.16, 2.17, 2.18, 2.19, 2.20, 2.22, 2.23, 2.24, 2.25 — *m*[*gw*], 2.26, 2.27, 2.28, 2.29, 2.31, 2.32, 2.33, 2.34, 2.36, 2.37 — *mgw'*, 2.38, 2.39, 2.40, 2.41, 2.42, 2.43, 2.44, 2.45, 2.46
(mgw)pty '*mogbed*': 2.7
mgwḥ '*mogvēh*': 1.4, 1.5, 1.6, 1.7, 1.8, 1.9, 1.10
mgwwyḥn 'fils de *Mog-vēh*' n.pr.m.: 2.11
[.m](ḥ)gwšnsp'n 'fils de ...*-Gušnasp*': 2.44
ml(g)'n 'fils de *Marg*(?)' n.pr.m.: 3.5
MLK' *šāh* 'roi': 1.26
m[lt?] *Mard* n.pr.m.: 2.17
ml[t?]n[']wy *Mardằnōy* n.pr.m.: 3.100
mltbwt' *Mard-būd* n.pr.m.: 2.23, 2.24, 3.120
mltynwḥ *Mardēn-veh* n.pr.m.: 2.26

MLʿḤY *xvadāy* ‘seigneur’: 1.26, 6.18. Cf. *MRʿḤ.*
MN *az* ‘de’: 1.26
mnctl’n ‘fils de *Man-cihr*’ n.pr.m.: 4.32
mn’d’t *Man-dād* n.pr.m.: 3.117
MRʿḤ *xvadāy* ‘seigneur’: 2.35. Cf. *MLʿḤY.*
MRʿḤYdwsty *Xvadāy-dōst* n.pr.m.: 2.31
mtl’spyd’n *Mihr-Aspiyān* n.pr.m.: 3.24
mtl’twlplnb⟨g⟩ *Mihr-Ādur-Farrbay* n.pr.m.: 3.86
m[t]lk ‘fidèle’: 2.36
mtlpty *Mihr-bed* n.pr.m.: 3.59
mtlwb’n ‘amical’: 6.18
mtly *Mihr* n.pr.m.: 3.30, 3.43
mtr’t *Mihrād* n.pr.m.: 2.6
mtr’’[n?] *Mihrān* n.pr.m.: 3.42
mtr’twlbwny *Mihr-Ādur-bun* n.pr.m.: 3.20
mtr’twlwšnspy *Mihr-Ādur-Višnasp* n.pr.m.: 5.46
mtr’twrm’ḥ *Mihr-Ādur-Māh* n.pr.m.: 2.28
mtr’twrplnbg *Mihr-Ādur-Farrbay* n.pr.m.: 4.30
mtr’twrwlḥl’n’ *Mihr-Ādur-Vahrām* n.pr.m.: 2.1
mtrcyn’ *Mihrizēn* n.pr.m.: 3.45
mtrd’t’ *Mihr-dād* n.pr.m.: 1.15
mtrnrsḥy *Mihr-Narseh* n.pr.m.: 3.66
mtr’wlḥl’n *Mihr-Vahrām* n.pr.m.: 3.89
mwdl’ ‘sceau’: 1.11
mwdly ‘sceau’: 3.114, 4.12
mylwky *Mērōg* n.pr.m.: 4.10
myšwny ‘Mésène’: 1.5
mytwm’ḥ *Mēdōmāh* n.pr.m.: 2.42
mzdky *Mazdak* n.pr.m.: 4.28
n’b’n’n ‘fils de *Nābān*’ n.pr.m.: 3.13
n’cydy *Nāziy* n.pr.m.: 3.99
n’mwy *Nāmōy* n.pr.m.: 3.39
N’NMWḤWN?: 5.24
nlskn ‘fils de *Narsak*’ n.pr.m.: 2.46
nmc’pst ‘à qui est dûe la louange’: 1.26
NPŠH *xvēš* ‘appartient à’: 2.2, 4.15
npšt ‘a écrit’: 6.18
nrsḥ’n ‘fils de Narseh’ n.pr.m.: 3.49
nwky *Nōg* n.pr.m.: 3.70
nwt’ltḥštlk’n *Nōd-Ardaxšīragān* (Adiabène): 1.7
nyl’m’n *Nērămăn* n.pr.m.: 5.3
nyw’ ‘bon’: 5.80, 5.83
nywyn’n ‘fils de *Nēvēn*’ n.pr.m.: 3.83
p’ḥl(p)t ‘chef de la garde’: 2.30
p’ḥnsl *Păhn-sar* n.pr.m.: 2.19
p’knywdwsty *Pāk-nēv-dōst*(?) n.pr.m.: 6.5
p’lswmy ‘parfait, excellent’: 5.2, 5.25 — *p’[lsw]my*, 5.39, 5.58, 5.63, 5.72 — *p’lymy*. Cf. *plswmy, pḥlwmy*.
p’pwsy *Pābŏs* n.pr.m.: 3.122

p'pydy *Pābiy* n.pr.m.: 3.3
p'pyny *Pābēn* n.pr.m.: 3.50
p'tnl *Pād-nar*(?) n.pr.m.: 3.94
pḥld't *Pahr-dād* n.pr.m.: 3.58
pḥlp't *Pahr-bād* n.pr.m.: 4.19
pḥlwmy 'parfait, excellent': 5.11. Cf. *p'lswmy*, *plswmy*.
pl'ḥwspylnc *Frāx-...* n.d.l.: 1.4
[pl?]ḥwbndk' *Farrox-bandag* n.pr.m.: 3.64
plḥw' 'prospère': 5.44, 5.65, 5.84, 5.88, 5.91. Cf. *plḥwy*.
plḥwbwt' *Farrox-būd* n.pr.m.: 3.109, 3.110 — *plḥw'bwt'*.
plḥwd't *Farrox-dād* n.pr.m.: 2.18
plḥwd'tyn *Farrox-dādēn* n.pr.m.: 2.34
plḥw'dl'yd'bwcyt *Farrox-Darāyā-bōzīd* n.pr.m.: 1.19
plḥwy 'prospère': 5.36, 5.90 — *plḥw(y)*. Cf. *plḥw'*.
plḥwyḥ 'prospérité': 1.2, 1.28, 1.33, 1.34, 4.19, 4.33, 5.5 — *plḥw('ḥ)*, 5.88
plnbg *Farrbay* n.pr.m.: 3.95. Cf. *prnbg*.
plnbg'[twr?] *Farrbay-Ādur* n.pr.m.: 3.123
plnbggwšnsp[...]'n 'fils de *Farrbay-Gušnasp-...*' n.pr.m.: 3.88
plnlsḥy *Farr-Narseh* n.pr.m.: 3.96
plswmy 'parfait, excellent': 4.9. Cf. *p'lswmy*, *pḥlwmy*.
plwḥty *Fravaxt*(?) n.d.l.: 1.9
plwtl 'basse': 1.9
pl[y]dy *Friy* n.pr.m.: 3.114
pn'ḥy 'protection': 4.6, 5.49 — *[p]n'ḥy*, 5.61, 5.74
pndy 'conseil': 6.18
prnbg *Farrbay* n.pr.m.: 3.51. Cf. *plnbg*.
prnbggwšnsp *Farrbay-Gušnasp* n.pr.m.: 3.90
prnydy *Farriy* n.pr.m.: 6.18
prs (abrév. de *prswmy*) 'parfait': 5.18
pwdk'n 'fils de *Pūdag*' n.pr.m.: 3.121
pwl'twlm'ḥ *Pūr-Ādur-Māh* n.pr.m.: 1.12
PWN *pad* 'dans, à l'égard de': 1.12, 1.15, 1.25, 1.26, 4.30, 5.3 — *P⟨WN⟩*, 5.63 — *P⟨WN⟩*.
pws'nwš *Pus-anōš* n.pr.m.: 3.54
pylcyl'tḥš *Pīr-čēr-ātaxš* n.pr.m.: 1.15
pylwcnrsḥy *Pērōz-Narseh* n.pr.m.: 3.27
pylwcšḥpwḥry *Pērōz-Šābuhr* n.pr.m.: 3.71
py⟨l⟩wcy *Pērōz* n.pr.m.: 3.44
pylwcyḥ 'victoire': 1.29
s's'ndwḥty *Sāsān-duxt* n.pr.f.: 3.16
slky *Sarak* n.d.l.: 1.7
snpl'm *Samb-Rām*(?) n.pr.m.: 3.14
sp'ḥn *Spāhān* (Ispahan): 1.2
spndlmt *Spandarmad* n.pr.f.: 3.1
SP⟨R?⟩' *dibīr* 'scribe': 2.6
(ssny) *Sāsān* n.pr.m.: 3.70
s[sn?]'n 'fils de *Sāsān*' n.pr.m.: 2.13
s(sn)mtryn *Sāsān-Mihrēn* n.pr.m.: 3.46
std't *Sad-dād* n.pr.m.: 3.79
swp'y *Sōbāy*(?) n.pr.m.: 3.18

sydwprnw *Sēd-Farr* n.pr.m.: 3.93
š'bstn 'eunuque': 2.2
(š)'ḥyn *Šāhēn* n.pr.m.: 4.6
š't *Šād* n.pr.m.: 2.16
šḥpwḥly *Šābuhr* n.pr.m.: 2.47, 2.46—*šḥpwḥry*.
šḥpwḥl'n 'fils de *Šābuhr*' n.pr.m.: 3.21
šld'ly 'gouverneur': 1.25
ŠPYL *veh* 'bon': 1.14
špk'n 'fils de *Šabag*' n.pr.m.: 3.114
ŠRM *drōd* 'paix': 4.29, 5.38, 5.65
ŠRMt *drōt-it* 'paix à toi': 6.7
štrdst⟨'n⟩ 'ville': 1.4
štrp *Šahrab* n.pr.m.: 2.20
štry 'pays': 1.11
(šy)l'n 'fils de *Šīr*' n.pr.m.: 1.18
šyls *Širs*(?) n.pr.m.: 4.8
šytmy *Šēdam* n.pr.m.: 4.23
TB *nēv* 'bon': 5.14, 5.24, 5.27, 5.49, 5.52, 5.78, 5.86
tbḥ *Tabah*(?) n.pr.m.: 1.22
tḥm'n(bw)ḥt *Tahmān-bōxt* n.pr.m.: 2.45
tlsk'(s) 'respectueux': 6.18
tswkw 'quartier': 1.10
twḥmyn *Tōhmēn* n.pr.m.: 3.123
tylwsy *Tīrōs* n.pr.m.: 4.11
tyry *Tīr* n.pr.m.: 4.9
W *ud* 'et': 1.8, 1.25, 2.36, 4.33, 5.64, 6.18
w'lk' *Vārag* n.pr.m.: 2.27
w'ls(y')w *Var-syāv* n.d.l.: 1.10
w'spwḥl *Vāspuhr* n.pr.m.: 3.53
wḥ't'n 'fils de *Vehād*' n.pr.m.: 2.19
w⟨ḥ?⟩mndt' *Vahman-dād* n.pr.m.: 3.63
wḥwmn *Vahman* n.pr.m.: 2.2
wḥwsl'n 'fils de *Veh-sar*(?)' n.pr.m.: 2.12
wl'cpwl *Varāz-pūr* n.pr.m.: 3.102. Cf. *wr'cpwḥly*.
wld(t)y 'choisit'(?): 4.12
wlḥl'n *Vahrām* n.pr.m.: 2.30, 3.5 — [*w*]*lḥl*[']*n*, 3.111, 4.17 — *wlḥl'nl'n*.
wlḥl'n'n 'fils de *Vahrām*' n.pr.m.: 3.46
...wlḥl'n(’n) 'fils de ...-*Vahrām*' n.pr.m.: 1.12
wlsn'n 'fils de *Varsan*' n.pr.m.: 4.18
wlynky *Varēnag* n.pr.m.: 4.18
wny'r (pour *w'nyt'r?) 'triomphant': 1.25
wnzn'dy? n.pr.m.: 4.13
wr'c *Varāz* n.pr.m.: 4.9
wr'cpwḥly *Varāz-puhr* n.pr.m.: 3.34. Cf. *wl'cpwl*.
wrd'n *Vardān* n.pr.m.: 3.22
(wr)tkdly *Vardag-dār*(?) n.pr.m.: 2.4
(wsw)š'n «fils de ...» n.pr.m.: 6.41
wšt'spy *Vištāsp* n.pr.m.: 3.73
[wšt'?]sp['n] *Vištāspān* n.pr.m.: 3.40

2. Syriaque

3. Hébreu

APPENDICE II

Index de certains motifs iconographiques

Cet index ne comprend qu'un certain nombre de motifs choisis un peu arbitrairement, reconnaissons-le, parmi une quantité d'autres.

Nous espérons présenter un index aussi complet que possible dans le *Corpus de la glyptique sasanide* que nous préparons depuis quelques années. Tel qu'il est et malgré ses lacunes, le présent index rendra, nous l'espérons, quelques services à nos lecteurs.

Voici les éléments qui ont été choisis:

- Éléments naturels:
  - terre, eau et feu
  - végétaux: arbres
  - végétaux: branches comme encadrement
- Objets fabriqués:
  - mobilier
  - chariot
  - autel du feu
  - harnachement
- Emblèmes:
  - croix
  - extrémités de bandelettes
  - anneaux à bandelettes
- Monogrammes à composition symétrique.

Éléments naturels

Terre		Eau		Feu	
	10.8 10.11		33.7		60.1
	10.9			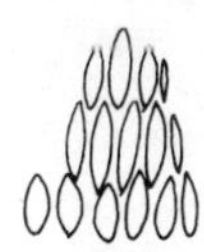	16.1
					16.3
					60.2

Végétaux: arbres

30.106

30.12

30.60

30.65

30.99

30.102

30.9

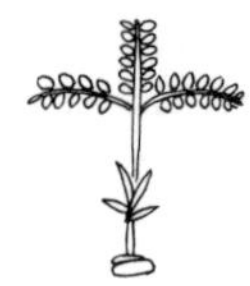
22.2

30.103

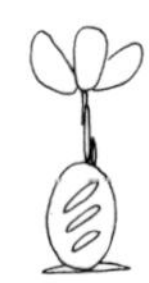
30.96

Végétaux: branches (encadrement)

20.10

40.66

70.16

13.1

10.5

22.3

00.22

20.54

Objets fabriqués

Mobilier

 10.44  11.4 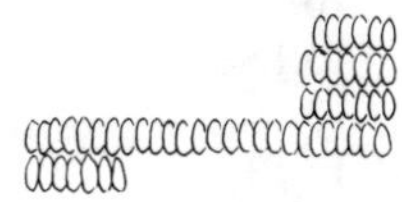 11.7

 10.45

 10.22  11.3 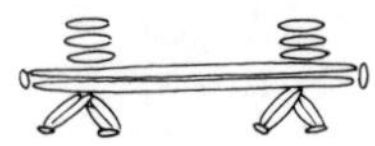 10.45

Chariot

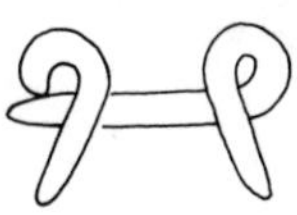 30.5 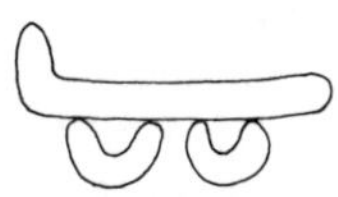 30.4 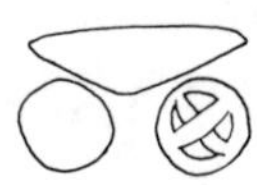 30.2

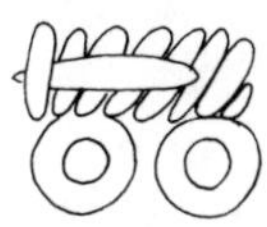 30.3  10.19

Autel du feu

 16.3  10.17  60.2*

 11.4  16.1* 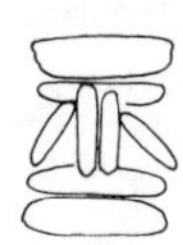 16.2*

 60.1*  20.79

* Caractérisé par le feu.

Objets fabriqués

Harnachement

10.23
13.15
13.16
13.18
14.1

14.2

11.10

40.23

30.27

11.9

40.24

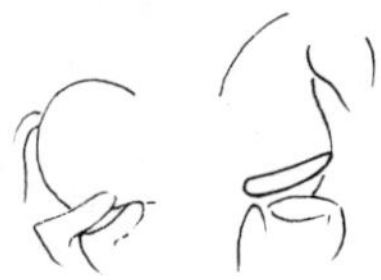

40.24
10.42
13.15
30.98

10.42
11.9
11.11
13.13
13.15
13.16

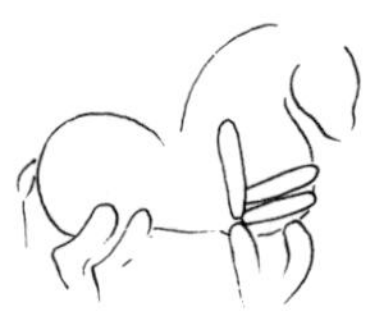

30.97

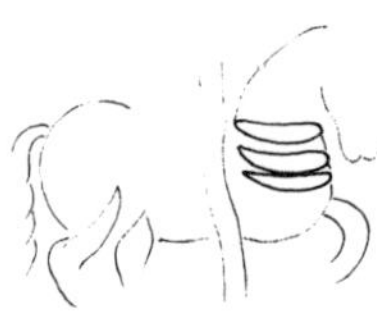

40.16

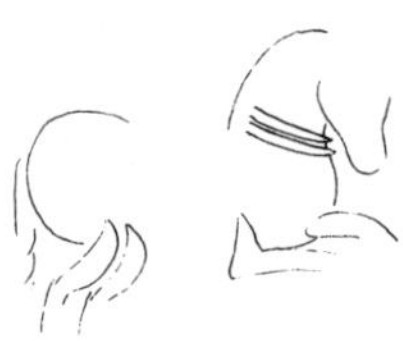

13.14
13.18

10.24
13.12

14.1

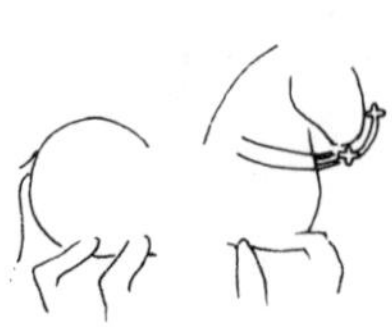

10.23

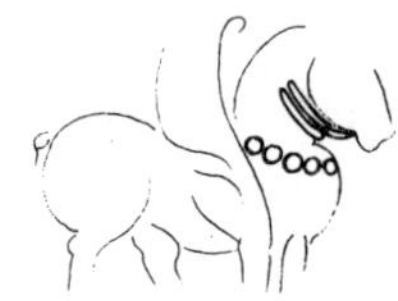

40.25

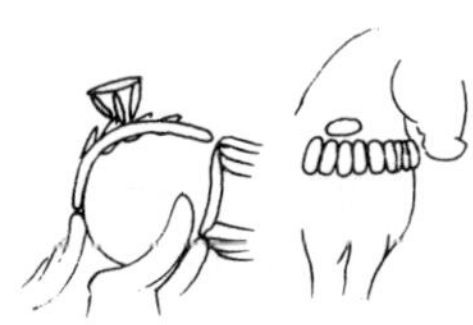

14.2

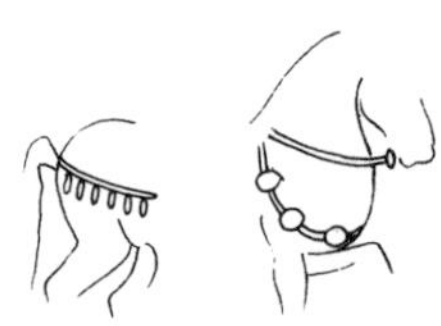

10.28

11.10

30.27

Emblèmes

Croix

10.17
11.4

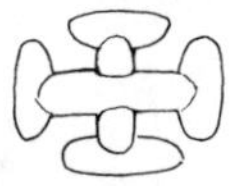
00.21

70.40
70.49

31.1

13.3

10.40

Extrémités de bandelettes

10.23

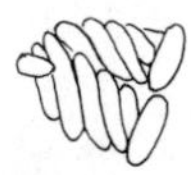
30.70

22.4

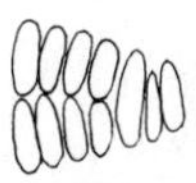
40.75

20.60

22.3

40.40

30.66

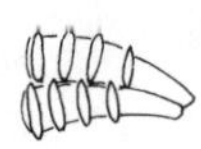

11.10

30.120

20.4
20.7
22.2

30.84

30.102

Emblèmes

Extrémités de bandelettes

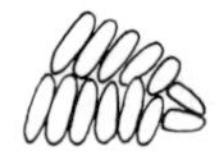
20.69

40.58

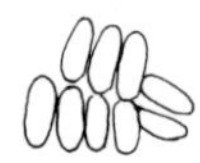
40.70

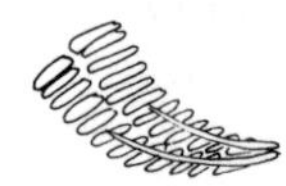
40.29

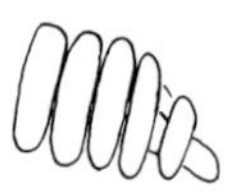
40.46

30.87

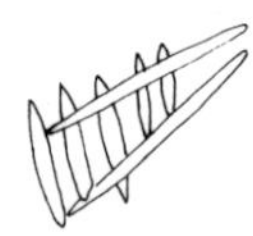
13.12

30.69

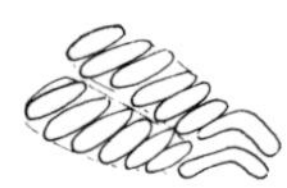
30.68

40.24

20.56
20.59

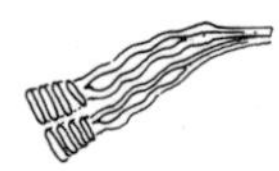
20.54

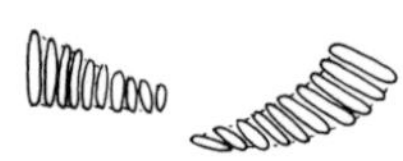

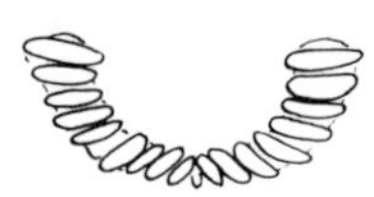
50.1

70.76

20.13

50.4

70.71

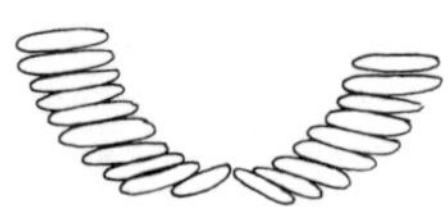
10.24

20.73

70.60

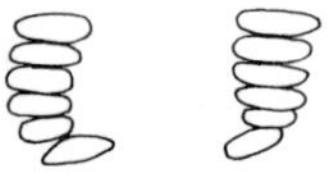
22.4
22.5

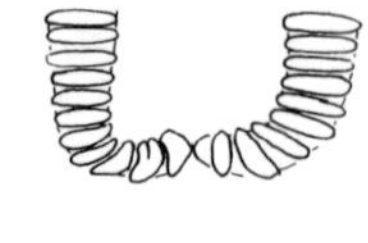
10.37

70.62

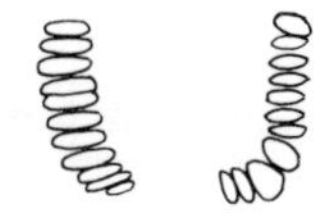
10.19

70.36

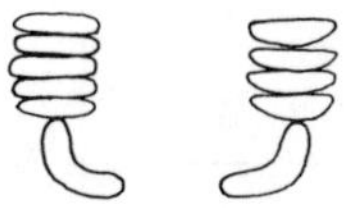
20.78

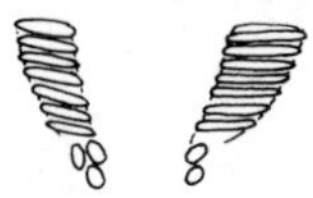
10.39

20.79

10.36

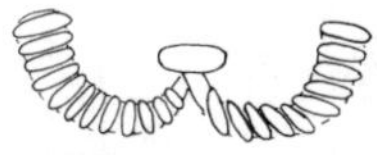
40.73

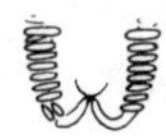
70.8
70.87

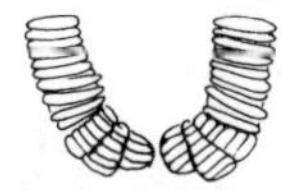
10.40

40.32
70.40

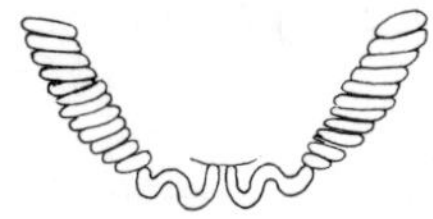
70.69

70.74

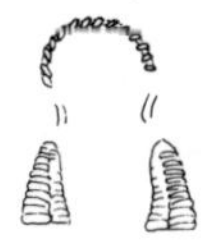
10.6

Anneaux à bandelettes

30.79

40.55

40.3

40.1

10.18

40.57

22.3

10.4

16.3

11.3

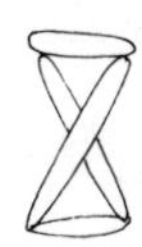
40.4

Monogrammes

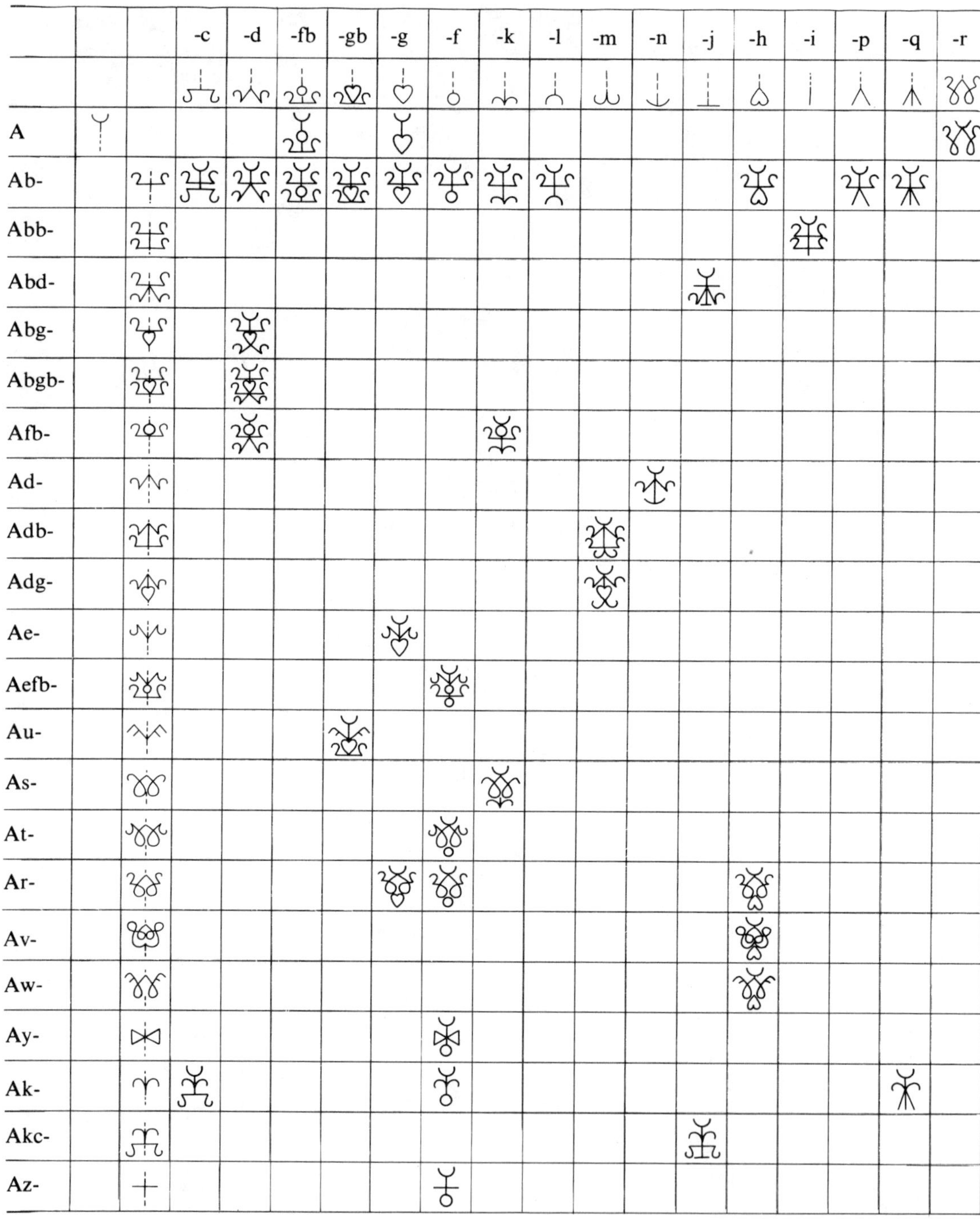

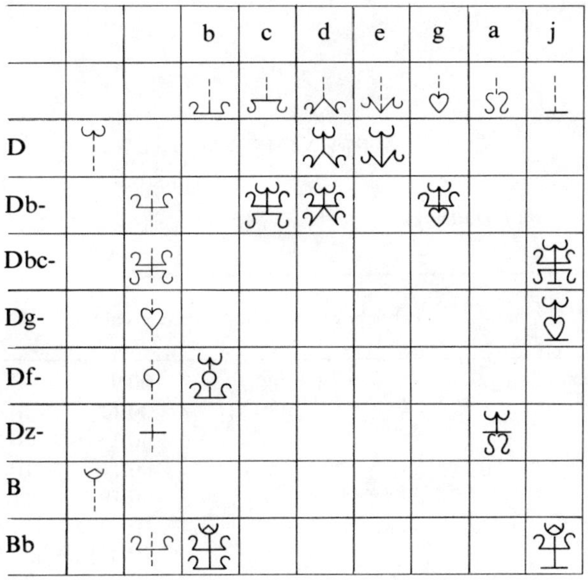
b
c
d
e
g
a
j
D
Db-
Dbc-
Dg-
Df-
Dz-
B
Bb

APPENDICE III

Tableau des formes et matériaux

matériau \ forme	chaton	cabochon	conoïde	dactylioïde	ellipsoïde	forme exceptionnelle
calcédoine	40.24		00.23	00.9	10.38†	
			30.31	00.11	10.42	
				00.15	10.50	
				00.17	10.54	
				00.19	11.4†	
				00.24	14.4	
				10.05†	20.6†	
				10.07	20.18	
				10.15	20.21	
				10.23	20.25	
				10.39	20.36†	
				10.43	20.37	
				10.46	22.3†	
				10.49	30.27†	
				13.8	30.28	
				13.10	30.45†	
				13.16	30.46†	
				20.42	30.54	
				20.58	30.60	
				20.60	30.65†	
				20.61	30.106	
				20.67	33.7†	
				20.76	33.10†	
				20.77	33.20	
				30.10	33.21	
				30.29	33.22	
				30.33	40.2	
				30.37	40.3	
				30.41	40.50	
				30.43	43.3†	
				30.55	50.4†	
				30.58	50.6	
				30.61	50.7†	
				30.64	50.8	
				30.66	70.16	
				30.68	70.32	

† Dos décoré.

forme / matériau	chaton	cabochon	conoïde	dactylioïde	ellipsoïde	forme exceptionnelle
				30.69	70.40	
				30.70	70.61	
				30.71	70.67	
				30.72	70.96	
				30.74	70.111†	
				30.77		
				30.79		
				30.83		
				30.90		
				10.107		
				30.120		
				30.123		
				30.126		
				30.127		
				33.8		
				33.24		
				40.5		
				40.16		
				40.19		
				40.21		
				40.22		
				40.23		
				40.32		
				40.45		
				40.56		
				40.57†		
				43.1		
				50.2		
				70.11		
				70.24		
				70.31		
				70.36		
				70.50		
				70.51		
				70.54		
				70.56		
				70.59		
				70.62		
				70.70		
				70.94		
				70.97		
				70.99		
				70.103		
				70.104		
				70.108		

matériau \ forme	chaton	cabochon	conoïde	dactylioïde	ellipsoïde	forme exceptionnelle
sardoine	14.3			00.5	00.25†	
				00.7	10.21	
				00.8	10.25	
				10.1†	70.22	
				10.48		
				30.76		
				33.16†		
				40.7		
				70.93		
cornaline	10.4	00.12		20.57	10.2	
	10.28	00.16		20.66	11.7†	
	10.44	00.27		20.69	13.6	
	13.4	00.28		30.5	20.7	
	20.3	00.29		30.122	20.19†	
	20.28	00.32		40.36	20.20†	
	20.43	10.20		40.39	20.26†	
	20.44	20.1		40.44	20.82	
	20.45	20.49		70.3†	30.2	
	20.48	20.51		70.7	30.4	
	20.53	20.81		70.23	30.44	
	20.79	30.62		70.43	30.47	
	30.7	30.112		70.45	30.51†	
	30.85	40.62		70.46	30.52	
	30.87	40.74		70.48	30.59	
	30.100			70.78	30.63†	
	40.49			70.92	30.102†	
	40.60				30.118	
	70.6				31.6	
	70.25				33.9†	
	70.107				40.27	
	70.112				40.59†	
					70.49†	
					70.52	
					70.101†	
agate	13.18	10.16	00.10	00.1	00.14	10.52
	20.31	20.50	10.33	00.2	00.26	30.67
	30.26		10.34	00.3	10.6	50.5
	30.104		20.52	00.4	10.17†	
	40.37		40.26	00.6	10.19†	
	40.53			00.18	10.22†	
	50.1			00.20	10.26	
	70.89			10.14	10.36	
				10.24	10.37	

forme / matériau	chaton	cabochon	conoïde	dactylioïde	ellipsoïde	forme exceptionnelle
agate				10.31	10.41	
				10.32	10.51	
				10.47	11.8	
				10.53	13.1	
				11.2	13.2	
				11.9	13.3	
				11.10	13.5	
				11.11	13.7†	
				13.12	13.9	
				14.1	13.13	
				14.2	15.2	
				20.2	16.1	
				20.15	16.2	
				20.40	20.5	
				20.47	20.10	
				20.56	20.14	
				20.59	20.17†	
				20.64	20.22	
				20.78	20.23	
				22.5	20.30	
				30.8	20.34	
				30.9	20.35	
				30.11	20.63	
				30.12	20.71	
				30.13	22.1	
				30.14	30.1	
				30.21	30.3	
				30.22	30.6	
				30.23	30.19†	
				30.30	30.24	
				30.32	30.36	
				30.34	30.42†	
				30.39	30.56	
				30.40	30.82	
				30.48	30.86†	
				30.49	30.96	
				30.50	30.101	
				30.73	30.105	
				30.94	30.108	
				30.98	30.109	
				30.103	30.115	
				30.110	31.3	
				30.117	31.5	
				30.119	33.15	
				30.124	33.17	
				33.3	33.18	

matériau \ forme	chaton	cabochon	conoïde	dactylioïde	ellipsoïde	forme exceptionnelle
agate				33.4	33.19	
				33.5	33.25	
				33.6	40.1	
				40.6	40.9	
				40.13	40.15	
				40.17	40.28	
				40.18	40.29	
				40.20	40.31	
				40.25	40.38	
				40.33	40.41	
				40.34	40.42	
				40.40	40.51	
				40.43	40.54	
				40.63	40.55	
				43.2	40.64	
				50.3	40.66	
				60.4	40.71	
				70.12	40.72	
				70.13	60.1	
				70.27	60.5	
				70.28	70.1	
				70.29	70.2	
				70.30	70.4	
				70.34	70.5	
				70.37	70.8	
				70.41	70.14	
				70.55	70.19	
				70.58	70.21	
				70.60	70.35†	
				70.63	70.47	
				70.64	70.87	
				70.66	70.100	
				70.69		
				70.71		
				70.72		
				70.73		
				70.74		
				70.75		
				70.86		
				70.88		
				70.98		
				70.106		
				70.109		
onyx	00.21					

matériau \ forme	chaton	cabochon	conoïde	dactylioïde	ellipsoïde	forme exceptionnelle
onyx	10.45 31.1 33.1					
cristal de roche		30.35		11.3 20.26	11.5† 60.2 70.57†	
jaspe	10.12 22.4 40.10 70.102			10.30 10.35 13.14 13.15 20.12 20.29 20.39 20.46 20.62 20.65 20.70 20.72 20.73 20.74 20.75 22.2 30.20 30.35 30.57 30.75 30.97 30.111 30.121 33.12 33.14 40.4 40.35 40.46 40.47 40.48 40.69 40.70 40.71 40.75 40.76 70.9 70.15	15.1 20.4 20.24 33.13 40.8 40.61 40.67 70.10	

forme / matériau	chaton	cabochon	conoïde	dactylioïde	ellipsoïde	forme exceptionnelle
jaspe				70.17		
				70.18		
				70.20		
				70.33		
				70.38		
				70.44		
				70.53		
				70.76		
				70.77		
				70.80		
				70.84		
				70.85		
grenat almandin	10.3	00.13				
	10.11	00.30				
	10.40	00.31				
	30.16	10.10				
	30.78	15.3				
	30.84	20.8				
	21.2	20.9				
	40.14	20.11				
	70.110	20.27				
		20.83				
		30.38				
		30.80				
		30.89				
		30.113				
		30.125				
		33.23				
		40.65				
		60.3				
		70.65				
		70.90				
		70.95				
		70.105				
lapis lazuli		30.17				
		30.53				
serpentine	23.1	10.8				
hématite				00.22†	30.95†	70.81
				10.29		
				13.11		

matériau \ forme	chaton	cabochon	conoïde	dactylioïde	ellipsoïde	forme exceptionnelle
hématite				13.17 20.32 30.88 30.92 30.99 30.114† 33.11 40.12 40.52 70.26 70.42 70.68 70.79 70.82 70.83		
bronze				10.27 20.80 40.58	30.15 40.11 70.91	
fritte				11.1	30.93†	
autres ou exceptionnels				20.55 20.68		

APPENDICE IV

Tableaux des dos décorés

Type I

I1

11.5

30.113

40.57

30.86

70.35

10.19

I1a

I2

30.95

30.46

I3

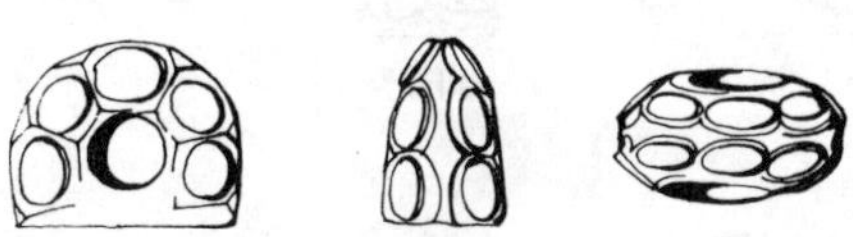

20.26

70.111

I4

10.5

10.1

Type II

II

11.7

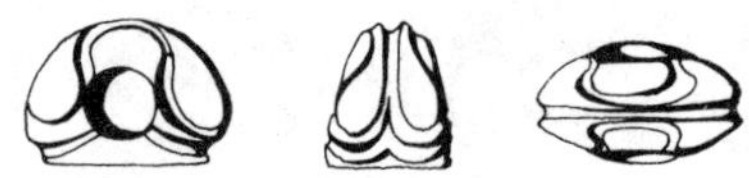

30.19

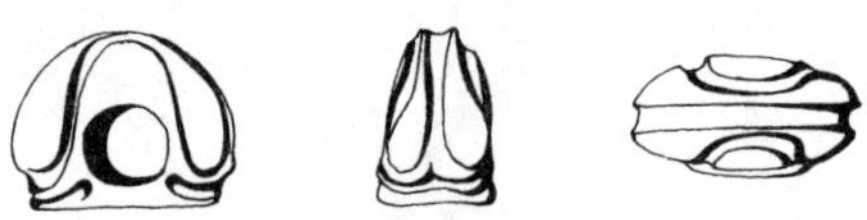

20.20

70.3

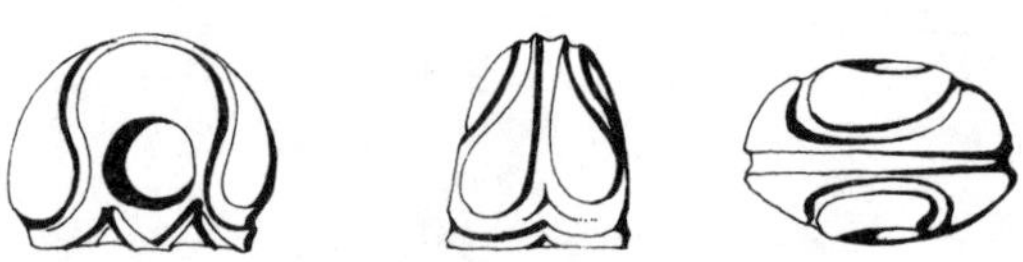

33.9

00.25

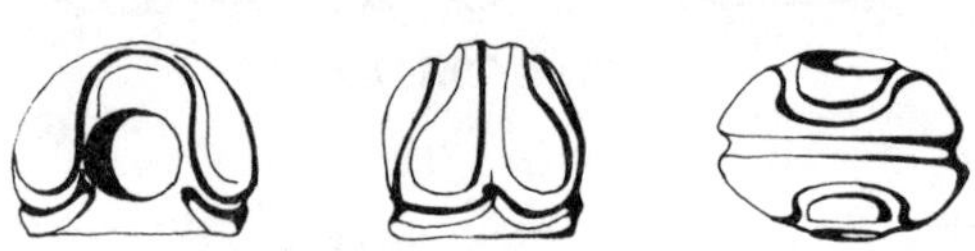

30.51

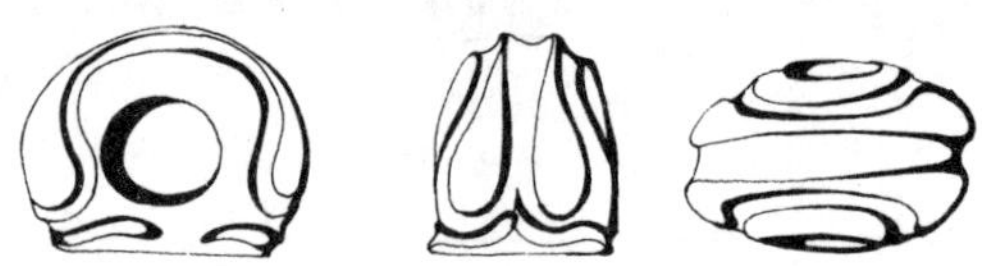

10.17

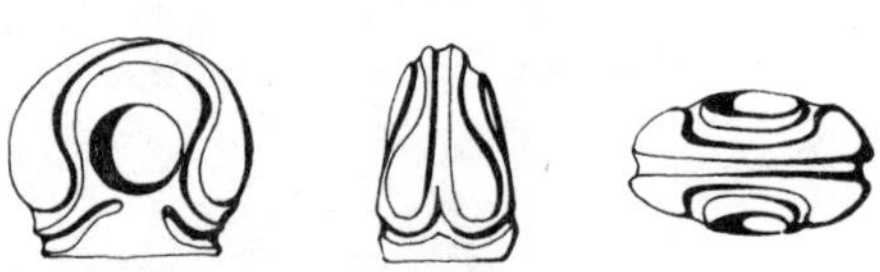

25.66

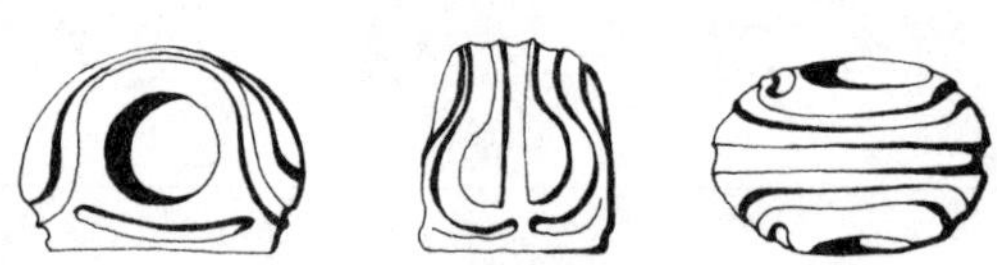

25.87

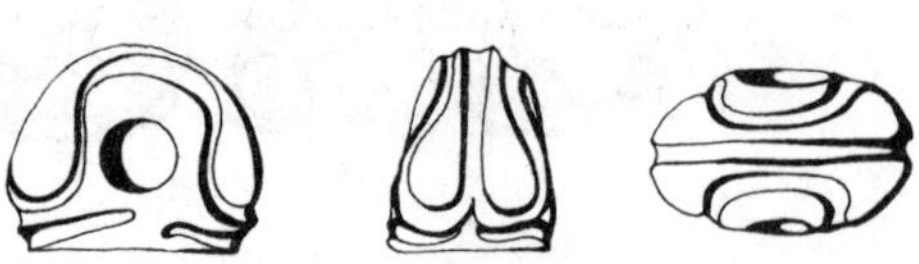

22.3

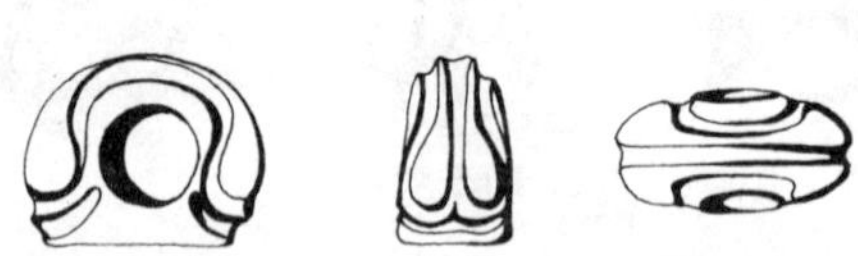

0 1 2 3 cm.

Type II (variante a)

IIa

13.7

Type III

III

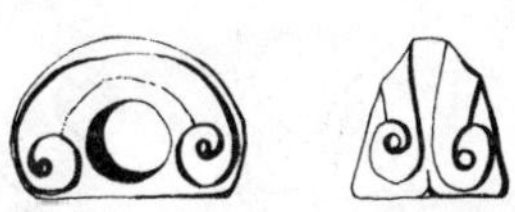

70.49

70.101

Type IV

00.22

IV

Varia V

40.59

33.7

10.22

50.7

Varia VI

33.16

33.10

Varia VII

10.38

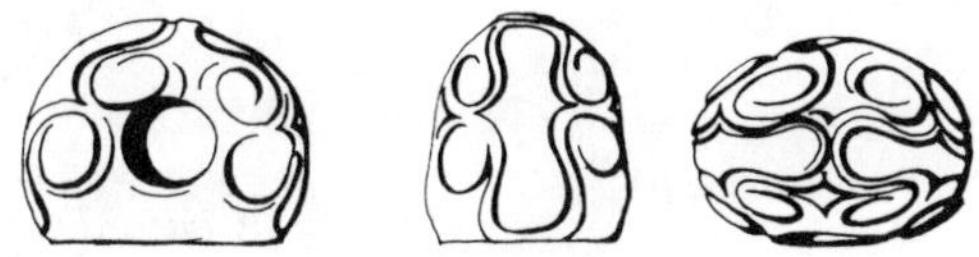

30.65

11.4

30.93

70.57

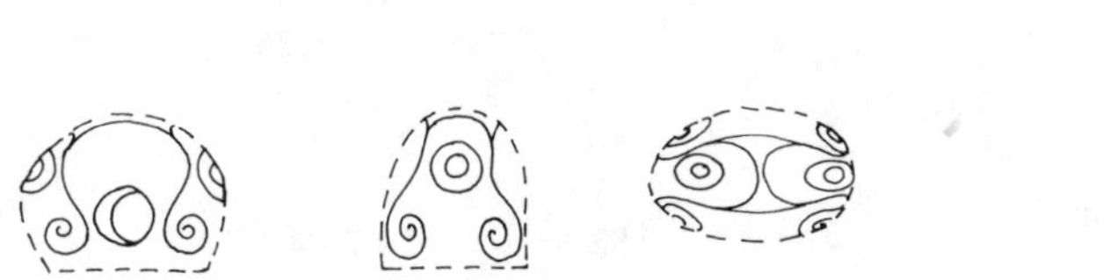

43.3

33.45

Concordance CII — Catalogue

1	00.10/1.10	43	70.96/5.84
2	00.9/1.9	44	70.32/2.39
3	00.15/1.15	45	70.97/3.116
4	non pehl.	46	70.50/3.105
5	00.30/1.30	47	70.64/5.82
6	00.33/1.33	48	70.30/5.78
7	00.28/1.28	49	70.48/4.28
8	00.22/1.22	50	70.54/3.106
9	hébreu	51	70.102/4.32
10	00.23/1.23	52	70.24/3.103
11	00.18/1.18	53	70.89/3.114
12	00.14/1.14	54	70.107/5.86
13	00.16/1.16	55	10.35/4.4
14	00.27/1.27	56	10.39/3.8
15	00.19/1.19	57	10.38/4.5
16	00.24/1.24	58	10.43/6.6
17	arabe	59	10.53/3.12
18	hébreu	60	40.77/3.122
19	70.94	61	10.51/3.11
20	non pehl.	62	11.2/5.6
21	00.34/1.34	63	10.46/6.8
22	00.32/1.32	64	13.15/6.15
23	00.13/1.13	65	14.3/6.17
24	70.88/6.46	66	13.16/6.16
25	70.94/2.43	67	13.13/6.14
26	70.103/2.44	68	40.76/3.95
27	70.38/2.40	69	10.13/6.3
28	70.40/5.80	70	10.23/3.6
29	70.33/5.79	71	10.22/5.3
30	70.56/3.108	72	10.30/6.4
31	70.99/3.227	73	10.12/4.3
32	70.9/2.37	74	10.1/4.1
33	70.4/4.26	75	10.8/6.2
34	70.108/2.45	76	10.4/3.1
35	70.2/5.75	77	31.3/4.23
36	70.55/3.107	78	31.4/6.29
37	70.11/3.101	79	22.4/5.33
38	70.3/3.100	80	22.2/4.16
39	70.37/3.104	81	00.0/5.89
40	70.59/3.109	82	20.76/4.14
41	70.49/2.41	83	20.74/2.15
42	70.105/3.120	84	20.80/5.31

85/117	20.31/5.19
86	40.6/2.32
87	20.39/5.22
88	20.12/2.4
89	20.21/4.11
90	20.9/3.18
91	20.64/2.14
92	20.15/3.21
93	20.53/2.10
94	20.42/2.8
95	20.18/4.9
96	20.44/2.9
97	20.43/5.24
98	20.40/3.32
99	20.56/3.37
100	20.59/3.39
101	20.58/3.38
102	20.61/2.13
103	20.57/2.11
104	20.10/3.19
105	20.48/3.33
106	20.65/5.27
107	20.67/6.20
108	20.26/3.28
109	20.68/6.21
110	20.51/3.35
111	20.45/5.25
112	20.69/6.22
113	20.20/3.23
114	20.37/3.31
115	20.52/3.36
116	20.32/2.7
117/85	20.31/5.19
118	20.70/5.28
119	20.22/3.24
120	20.47/5.26
121	20.49/3.34
122	20.23/3.25
123	20.16/2.6
124	20.27/3.29
125	20.3/6.18
126	20.2/3.17
127	20.1/3.16
128	40.38/2.36
129	40.41/6.38
130	40.40/5.69
131	40.39/5.68
132	40.70/3.94
133	30.91/3.123
134	30.92/5.45
135	33.21/6.34
136	33.16/5.55
137	30.71/2.29
138	30.80/5.44
139	30.81/5.91
140	30.73/3.63
141	30.87/3.69
142	30.85/3.68
143	33.18/5.56
144	30.105/3.72
145	40.18/3.87
146	40.12/5.60
147	40.23/3.89
148	40.19/6.36
149	40.11/5.59
150	40.9/5.58
151	43.1/6.42
152	40.14/5.61
153	40.13/3.85
154	40.22/2.34
155	40.10/3.84
156	40.26/5.62
157	30.97/5.47
158	40.49/5.71
159	40.47/3.92
160	40.31/3.91
161	30.47/5.40
162	30.46/5.39
163	30.6/2.27
164	30.48/2.24
165	30.52/6.26
166	30.56/5.41
167	30.58/2.26
168	30.60/5.43
169	30.55/3.58
170	30.11/3.73
171	40.75/4.24
172	40.74/2.31
173	30.102/3.70
174	30.68/3.61
175	30.67/4.20
176	30.66/3.60
177	30.41/2.23
178	30.116/4.22
179	30.103/3.71
180	30.32/3.53
181	33.6/3.79
182	30.29/2.22

183	30.30/4.17	197	30.7/3.44
184	30.32/3.52	198	30.24/3.49
185	33.25/3.83	199	30.22/3.48
186	33.8/6.31	200	40.64/3.93
187	33.12/5.54	201	30.118/3.74
188	30.10/3.45	202	30.94/5.46
189	40.71/5.49	203	30.108/2.30
190	40.27/5.63	204	30.22/3.47
191	33.14/6.32	205	30.5/3.42
192	33.2/3.78	206	30.120/3.76
193	30.17/5.35	207	50é1/3.96
194	30.18/3.124	208	30.115/6.28
195	30.13/2.20	209	50.5/3.98
196	30.11/2.19		

Concordance de la double numérotation du Catalogue

2.1	10.7	2.32	40.6	3.13	11.9
2.2	10.10	2.33	40.17	3.14	13.9
2.4	20.12	2.34	40.22	3.15	14.4
2.5	20.13	2.35	40.24	3.16	20.1
2.6	20.16	2.36	40.38	3.17	20.2
2.7	20.32	2.37	70.9	3.18	20.9
2.8	20.42	2.37	70.9	3.19	20.10
2.9	20.44	2.38	70.12	3.20	20.14
2.10	20.53	2.39	70.32	3.21	20.15
2.11	20.57	2.40	70.38	3.22	20.17
2.12	20.60	2.41	70.49	3.23	20.20
2.13	20.61	2.42	70.93	3.24	20.22
2.14	20.64	2.43	70.94	3.25	20.23
2.15	20.74	2.44	70.103	3.26	20.24
2.16	20.77	2.45	70.108	3.27	20.25
2.17	20.78	2.46	70.109	3.28	20.26
2.18	30.8	2.47	70.14	3.29	20.27
2.19	30.11			3.30	20.36
2.20	30.13	3.1	10.4	3.31	20.37
2.21	30.14	3.2	10.6	3.32	20.40
2.22	30.29	3.3	10.9	3.33	20.48
2.23	30.41	3.4	10.14	3.34	20.49
2.24	30.48	3.5	10.18	3.35	20.51
2.25	30.57	3.6	10.23	3.36	20.52
2.26	30.58	3.7	10.37	3.37	20.56
2.27	30.61	3.8	10.39	3.38	20.58
2.28	30.69	3.9	10.41	3.39	20.59
2.29	30.71	3.10	10.48	3.40	20.73
2.30	30.108	3.11	10.51	3.41	23.1
2.31	40.74	3.12	10.53	3.42	30.5

3.43	30.6
3.44	30.7
3.45	30.10
3.46	30.12
3.47	30.22
3.48	30.23
3.49	30.24
3.50	30.26
3.51	30.27
3.52	30.32
3.53	30.33
3.54	30.34
3.55	30.37
3.56	30.49
3.57	30.50
3.58	30.55
3.59	30.63
3.60	30.66
3.61	30.68
3.62	30.72
3.63	30.73
3.64	30.74
3.65	30.75
3.66	30.82
3.67	30.83
3.68	30.85
3.69	30.87
3.70	30.102
3.71	30.103
3.72	30.105
3.73	30.117
3.74	30.118
3.75	30.119
3.76	30.120
3.77	31.2
3.78	33.2
3.79	33.6
3.80	33.13
3.81	33.22
3.82	33.23
3.83	33.25
3.84	40.10
3.85	40.13
3.86	40.15
3.87	40.18
3.88	40.20
3.89	40.23
3.90	40.25
3.91	40.31
3.92	40.47
3.93	40.64
3.94	40.70
3.95	40.76
3.96	50.1
3.97	50.4
3.98	50.5
3 99	50.6
3.100	70.3
3.101	70.11
3.102	70.21
3.103	70.24
3.104	70.37
3.105	70.50
3.106	70.54
3.107	70.55
3.108	70.56
3.109	70.59
3.110	70.65
3.111	70.69
3.112	70.72
3.113	70.74
3.114	70.89
3.115	70.90
3.116	70.97
3.117	70.99
3.118	70.101
3.119	70.104
3.120	70.106
3.121	60.4
3.122	30.91
3.123	30.18
4.1	10.1
4.2	10.11
4.3	10.12
4.4	10.35
4.5	10.38
4.6	13.2
4.7	16.1
4.8	20.4
4.9	20.18
4.10	20.19
4.11	20.21
4.12	20.34
4.13	20.75
4.14	20.76
4.15	20.79
4.16	22.2
4.17	30.30
4.18	30.44
4.19	30.62
4.20	30.64
4.21	30.110
4.22	30.116
4.23	31.3
4.24	40.75
4.25	50.7
4.26	70.4
4.27	70.36
4.28	70.48
4.29	70.58
4.30	70.66
4.31	70.68
4.32	70.102
4.33	70.105
5.1	10.3
5.2	10.20
5.3	10.22
5.4	10.42
5.5	10.50
5.6	11.2
5.7	11.5
5.8	11.7
5.9	13.5
5.10	13.18
5.11	14.1
5.12	16.2
5.13	15.2
5.14	20.5
5.15	20.6
5.16	20.28
5.17	20.29
5.18	20.30
5.19	20.31
5.20	20.33
5.21	20.35
5.22	20.39
5.23	20.41
5.24	20.43
5.25	20.45
5.26	20.47
5.27	20.65
5.28	20.70
5.29	20.71
5.30	20.72
5.31	20.80

5.32	20.81
5.33	22.4
5.34	30.4
5.35	30.17
5.36	30.25
5.37	30.36
5.38	30.40
5.39	30.46
5.40	30.47
5.41	30.56
5.42	30.59
5.43	30.60
5.44	30.80
5.45	30.92
5.46	30.94
5.47	30.97
5.48	30.101
5.49	40.71
5.50	30.109
5.51	30.124
5.52	33.3
5.53	33.11
5.54	33.12
5.55	33.16
5.56	33.18
5.57	40.8
5.58	40.9
5.59	40.11
5.60	40.12
5.61	40.14
5.62	40.26
5.63	40.27
5.64	40.30
5.65	40.32
5.66	40.33
5.67	40.35
5.68	40.39
5.69	40.40
5.70	40.46
5.71	40.49
5.72	40.72
5.73	43.3
5.74	60.1
5.75	70.2
5.76	70.5
5.77	70.13
5.78	70.30
5.79	70.33
5.80	70.40
5.81	70.47
5.82	70.64
5.83	70.67
5.84	70.96
5.85	70.100
5.86	70.107
5.87	70.110
5.88	30.81
6.1	10.2
6.2	10.8
6.3	10.13
6.4	10.30
6.5	10.36
6.6	10.43
6.7	10.45
6.8	10.46
6.9	10.47
6.10	10.49
6.11	10.52
6.12	13.4
6.13	13.10
6.14	13.13
6.15	13.15
6.16	13.16
6.17	14.3
6.18	20.3
6.19	20.46
6.20	20.67
6.21	20.68
6.22	20.69
6.23	22.3
6.24	22.5
6.25	30.31
6.26	30.53
6.27	30.88
6.28	30.115
6.29	31.4
6.30	33.4
6.31	33.8
6.32	33.14
6.33	33.17
6.34	33.21
6.35	40.7
6.36	40.19
6.37	40.38
6.38	40.41
6.39	40.59
6.40	40.61
6.41	40.77
6.42	43.1
6.43	43.2
6.44	70.10
6.45	70.71
6.46	70.88
6.47	70.98
6.48	70.111
6.49	10.29
7.1	60.3
8.1	10.15

PLANCHES

00.1

00.2

00.3

00.4

00.5

00.6

00.7

00.8

00.9

00.10

00.11

00.12

00.13

00.14

00.15

00.16

00.17

00.18

00.19

00.20

00.21

00.22

00.23

00.24

00.25

00.26

00.27

00.28

00.29

00.30

00.31

00.32

00.33

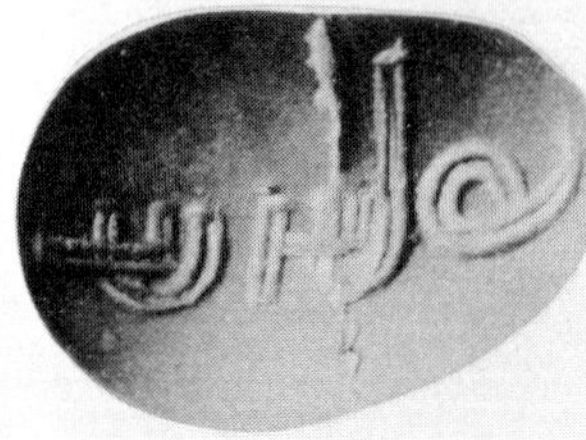
00.34

10.1

10.2

10.3

10.4

10.5

10.6

10.7

10.8

10.9

10.10

10.11

10.12

10.13

10.14

10.15

10.16

10.17

10.18

10.19

10.20

10.21

10.22

10.23

10.24

10.25

10.26

10.27

10.28

10.29

10.30

10.31

10.32

10.33

10.34

10.35

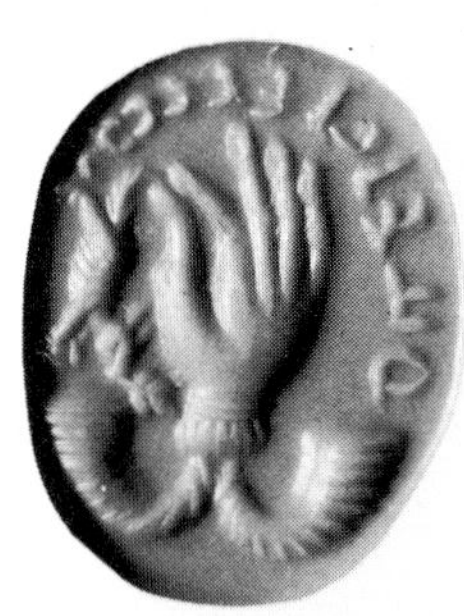
10.36

10.37

10.38

10.39

10.40

PLANCHE V

10.41

10.42

10.44

10.45

10.43

10.46

10.47

10.48

10.43a

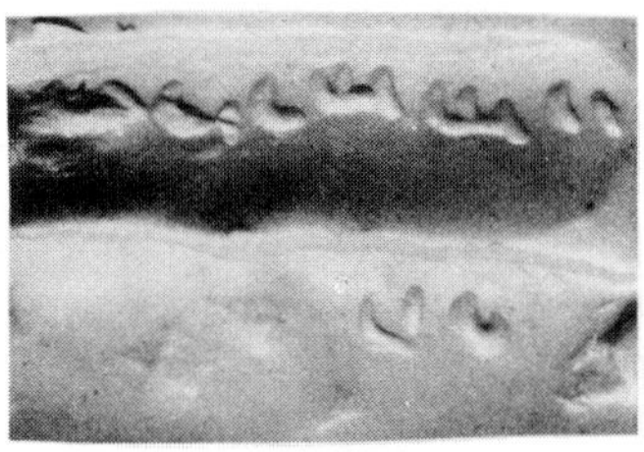

10.46a

10.47a

10.48a

10.49 et 10.49a

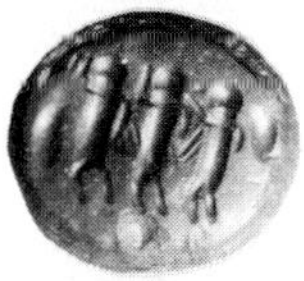

10.50

10.50a

10.53

10.54

10.51

10.52

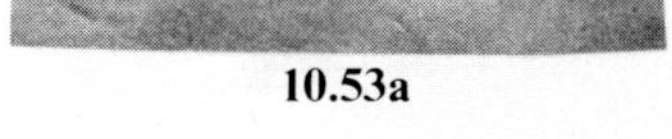

10.53a

11.1

11.2

11.3

11.4

11.5

11.6

11.7

11.8

11.9

11.10

13.1

13.2

13.3

13.4

13.5

13.6

13.7

13.8

13.9

13.10

13.11

13.12

13.13

13.14

13.15

13.16

13.17

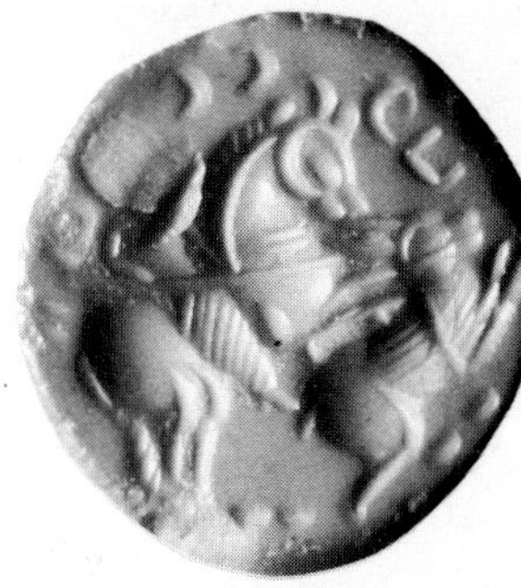
13.18

14.1

14.2

14.3

14.4

14.5

15.1

15.2

16.1

16.2

16.3

20.1

20.2

20.3

20.4

20.5

20.6

20.7

20.8

20.9

20.10

20.11

20.12

20.13

20.14

20.15

20.16

20.17

20.18

20.19

20.20

20.21

20.22

20.23

20.24

20.25

20.26

20.27

20.28

20.29

20.30

20.31

20.32

20.33

20.34

20.35

20.36

20.37

20.38

20.39

20.40

20.41

20.42

20.43

20.44

20.45

20.46

20.47

20.48

20.49

20.50

20.51

20.52

20.53

20.54

20.55

20.56

20.57

20.58

20.59

20.60

20.61

20.62

20.63

20.64

20.65

20.66

20.67

20.68

20.69

20.70

20.71

20.72

20.73

20.74

20.75

20.76

20.77

20.78

20.79

20.80

20.81

20.83

22.1

22.2

22.3

22.4

22.5

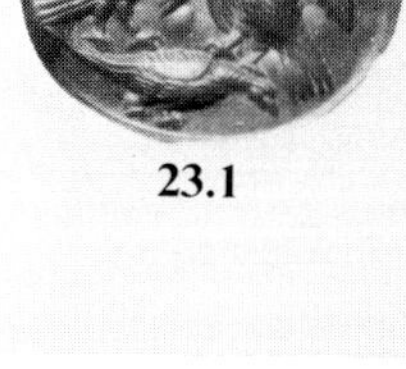
23.1

30.1

30.2

30.3

30.4

30.5

30.6

30.7

30.8

30.9

30.10

30.11

30.12

30.13

30.14

30.15

30.16

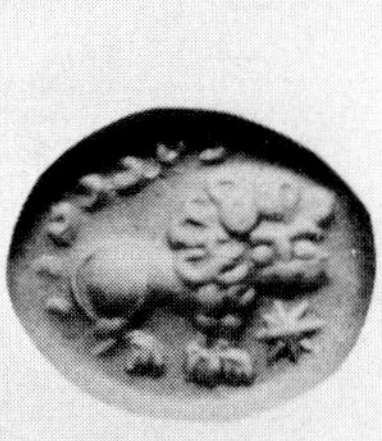
30.17

30.18

30.19

30.20

30.21

30.22

30.23

30.24

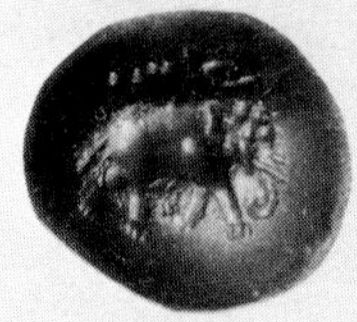

30.25

30.26

30.27

30.28

30.29

30.30

30.31

30.32

30.33

30.34

30.35

30.36

30.37

30.38

30.39

30.40

30.41

30.42

30.43

30.44

30.45

30.46

30.47

30.48

30.49

30.50

30.51

30.52

30.53

30.54

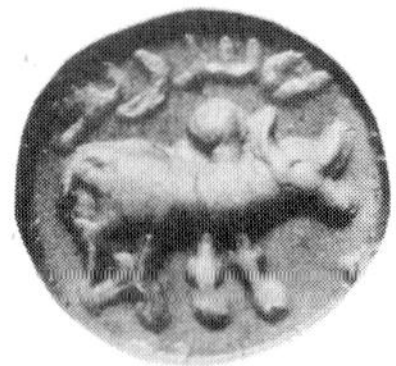
30.55

30.56

30.57

30.58

30.59

30.60

30.61

30.62

30.63

30.64

30.65

30.66

30.67

30.68

30.69

30.70

30.71

30.72

30.73

30.74

30.75

30.76

30.77

30.78

30.79

30.80

30.81

30.82

30.83

30.84

30.85

30.86

30.87

30.88

30.89

30.90

30.91

30.92

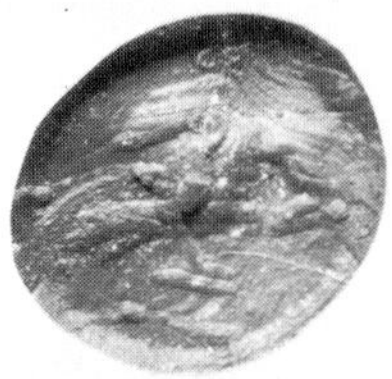
30.93

30.94

30.95

30.96

30.97

30.98

30.99

30.100

30.101

30.102

30.103

30.104

30.105

30.106

30.107

30.108

30.109

30.110

30.111

30.112

30.113

30.114

30.115

30.116

30.117

30.118

30.119

30.120

30.121

30.122

30.123

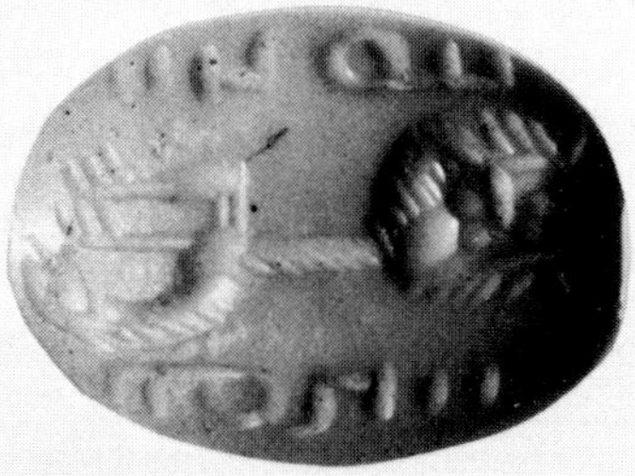

30.124

30.125

30.126

31.1

31.2

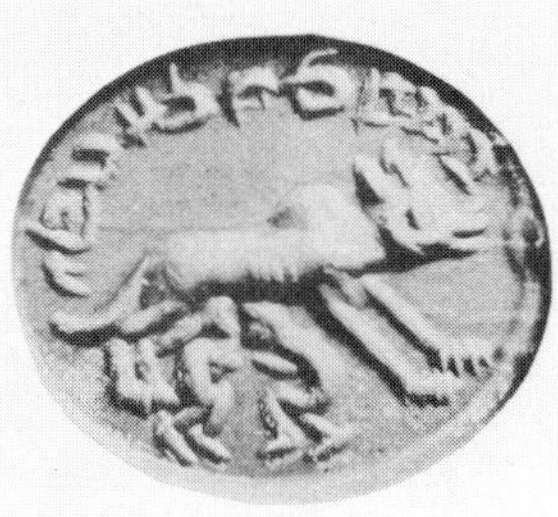
31.3

31.4

31.5

31.6

33.1

33.2

33.3

33.4

33.5

33.6

33.7

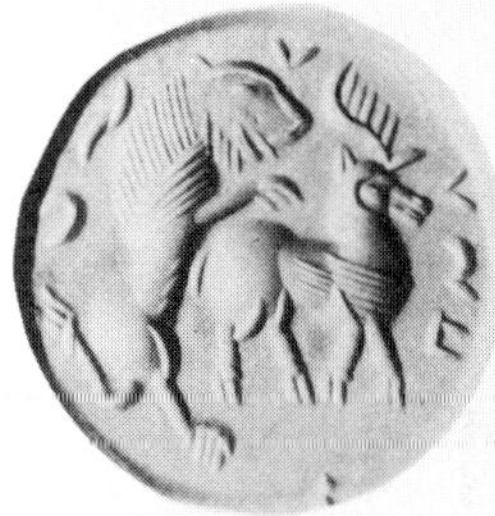
33.8

33.9

33.10

33.11

33.12

33.13

33.14

33.15

33.16

33.17

33.18

33.19

33.20

33.21

33.22

33.23

33.24

33.25

40.1

40.2

40.3

40.4

40.5

40.6

40.7

40.8

40.9

40.10

40.11

40.12

40.13

40.14

40.15

40.16

40.17

40.18

40.19

40.20

40.21

40.22

40.23

40.24

40.25

40.26

40.27

40.28

40.29

40.30

40.31

40.32

40.33

40.34

40.35

40.36

40.37

40.38

40.39

40.40

40.41

40.42

40.43

40.44

40.45

40.46

40.47

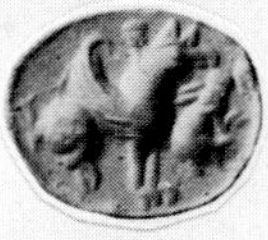

40.48

40.49

40.50

40.51

40.53

40.54

40.55

40.56

40.57

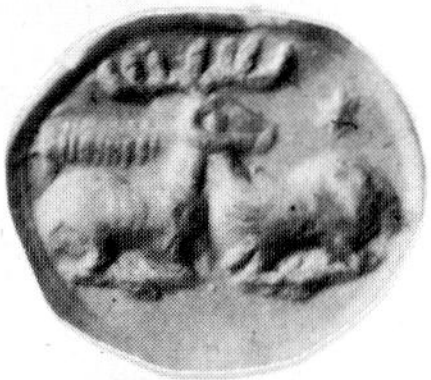

40.58

40.59

40.60

40.61

40.62

40.63

40.64

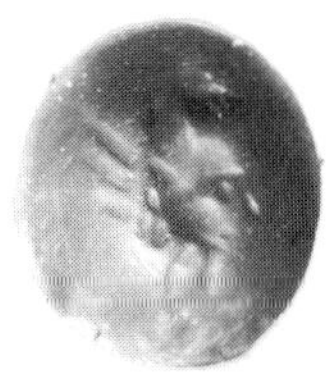

40.65

40.66

40.67

40.68

40.69

40.70

40.71

40.72

40.73

40.74

40.75

40.76

40.77

43.1

43.2

43.3

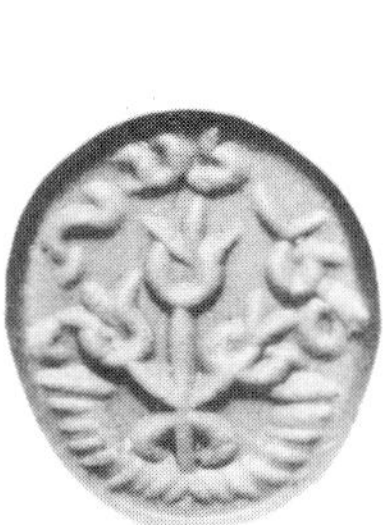
50.1

50.3

50.4

50.5

50.6

50.7

60.1

60.2

60.3

60.4

70.1

70.2

70.3

70.4

70.5

70.6

70.7

70.8

70.9

70.10

70.11

70.12

70.13

70.14

70.15

70.16

70.17

70.18

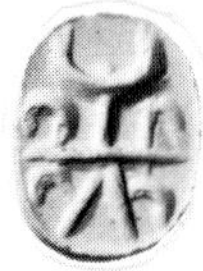
70.19

70.20

70.21

70.22

70.23

70.24

70.25

70.26

70.27

70.28

70.29

70.30

70.31

70.32

70.33

70.34

70.35

70.36

70.37

70.38

70.39

70.40

70.41

70.42

70.43

70.44

70.45

70.46

70.47

70.48

70.49

70.50

70.51

70.52

70.53

70.54

70.55

70.56

70.57

70.58

70.59

70.60

70.62

70.61

70.63

70.64

70.65

70.66

70.67

70.68

70.69

70.70

70.71

70.72

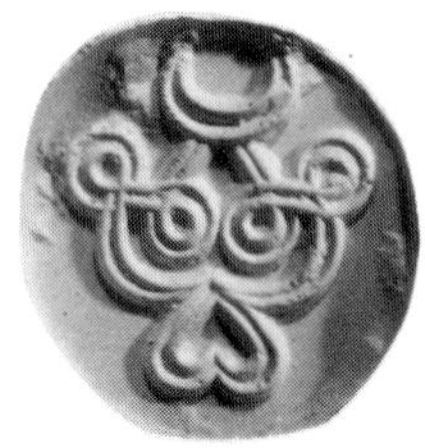

70.73

70.74

70.75

70.76

70.77

70.78

70.79

70.80

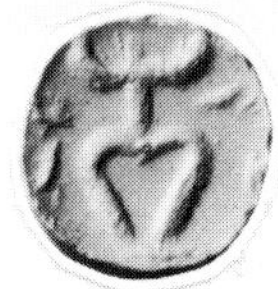
70.81

70.82

70.83

70.84

70.85

70.86

70.87

70.88

70.89

70.90

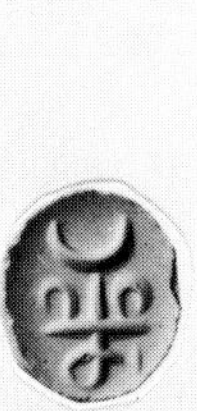
70.91

70.92

70.93

70.94

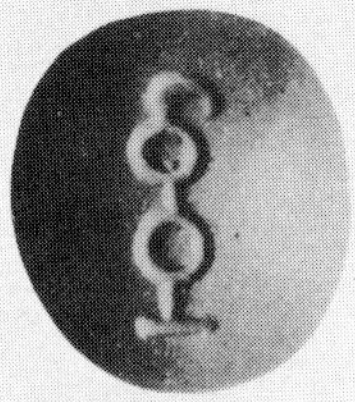
70.95

70.96

70.97

70.98

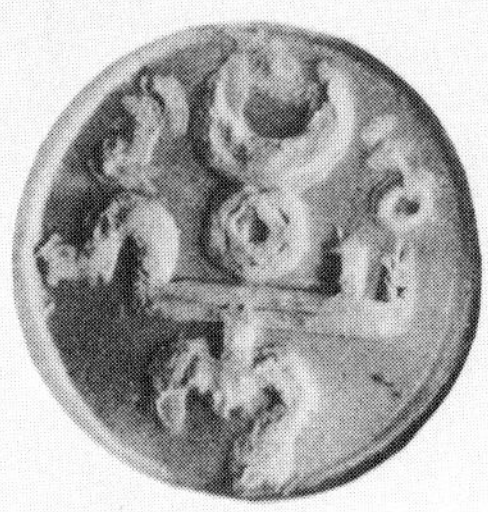
70.99

70.100

70.101

70.102

70.103

70.104

70.105

70.106

70.107

70.108

70.109

70.110

70.111